Chroniques d'un économiste
(juste ?) avant la crise

©2022. EDICO
Édition : JDH Éditions
77600 Bussy-Saint-Georges. France
Imprimé par BoD – Books on Demand, Norderstedt, Allemagne

Réalisation et conception couverture : Cynthia Skorupa

ISBN : 978-2-38127-286-3
Dépôt légal : juillet 2022

Jean-David Haddad

Chroniques d'un économiste (juste ?) avant la crise

JDH Éditions

Nouvelles Pages

Avant-propos

Nous sommes en juillet 2022. Vu le titre de ce livre, il est très important que, dès les premières lignes, je date mes propos, afin qu'ils ne soient pas déformés ni décontextualisés, une fois qu'on s'en servira. Car ce livre pourra être encore lu dans 10 ou 20 ans par tous ceux qui se poseront la question : « Comment la crise est-elle arrivée, par quels mécanismes ? »

En avril dernier, il y a donc trois mois, alors que je venais de me remettre du COVID, je donnais une conférence, à Paris, place Vendôme, devant une centaine de personnes. Cette conférence avait été organisée par l'AFATE et Bourse Direct. Le sujet était : « Va-t-on vers une récession en 2023 ? »

À l'époque, je concluais que tout était possible, mais que la récession n'était pas l'hypothèse la plus probable, du moins tant que les taux d'intérêt demeureraient proches de zéro. J'indiquais qu'il y avait deux variables à surveiller, au-delà des variables habituelles comme la croissance du PIB, le taux d'inflation ou encore le taux de chômage : le taux de rendement de l'OAT (Obligation Assimilable du Trésor) France 10 ans, et l'EURIBOR 1 an.

Le taux de l'OAT France 10 ans est emblématique de la confiance que les investisseurs accordent à notre pays (plus il est bas, plus cette confiance est élevée) et l'EURIBOR 1 an représente le taux auquel les banques se prêtent de l'argent entre elles. Ces deux taux sont très importants pour les banquiers. Plusieurs d'entre eux me l'ont confié : ce sont ces taux qui conditionnent les taux de crédit que les banques octroient aux particuliers et aux entreprises. Donc plus ils sont élevés, plus c'est une menace pour les entreprises endettées. Par ailleurs, le taux de l'OAT détermine aussi les charges d'intérêt qui pèsent sur le budget du pays. Plus ce taux est élevé, plus la France devra rembourser avec des intérêts supplémentaires la dette qu'elle aura contractée. Et on sait que la France est très endettée, et qu'elle contracte encore et toujours de la dette. Ainsi, selon les dernières données que j'ai en ma possession au moment où j'écris ces lignes, donc selon les données publiées le vendredi 24 juin par l'Institut national de la statistique et des études économiques (INSEE), la dette publique a atteint, fin mars 2022, 2 901,8 milliards d'euros, soit 114,5 % du PIB.

Aujourd'hui, ces deux taux, qui sont longtemps restés négatifs, flambent littéralement sous l'impact de l'inflation et des craintes de récession. Ainsi, le taux de l'OAT est à plus de 2 % tandis que l'EURIBOR, qui était négatif depuis 2015, est à plus de 1 %. Ces niveaux n'ont rien d'anormal en soi, ils sont même plutôt bas dans l'absolu, mais tout est une question de dynamique, de tendance, et celle-ci est nettement orientée à la hausse.

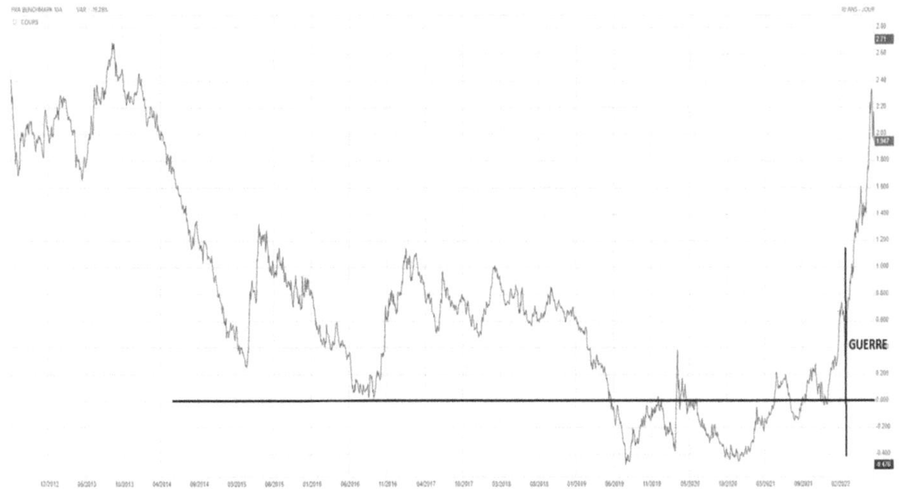

Le taux de l'OAT France 10 ans était passé sous les 0 % pendant quelques mois, en 2019 puis en 2020, ce qui était en soi une totale aberration, car cela signifiait que lorsque la France empruntait de l'argent sur les marchés, elle ne payait pas d'intérêts aux prêteurs mais en récupérait ! L'aberration a non seulement été corrigée fin 2021, mais la guerre en Ukraine, à laquelle nos dirigeants européens ont choisi de participer, a évidemment amplifié un phénomène inflationniste qui était en germe et a fait flamber le taux de cette obligation. Il est autour de 2 % aujourd'hui.

L'autre taux est l'EURIBOR 1 an, dont la flambée est aussi très nette.

Ce taux était négatif depuis début 2016. Ce qui signifiait que pendant 6 ans, les banques se prêtaient de l'argent entre elles, au mieux gratuitement, mais souvent en payant pour prêter ! Autant dire qu'elles ne savaient pas quoi faire de leur argent... D'où le fait qu'elles affichaient des taux si bas sur les crédits immobiliers, les crédits à la consommation ou les crédits aux entreprises.

Aujourd'hui, ce taux dépasse les 1 %, ce qui en soi n'a rien d'anormal, l'usure a toujours été coûteuse... Mais dans une économie où la planche à billets a fonctionné à un rythme effréné pendant des années, où les États sont hyper-endettés, surtout la France, toute flambée des taux va alourdir considérablement la charge des agents économiques qui sont endettés.

La bonne nouvelle pour les particuliers, c'est que les banques répercutent avec un peu de retard ces hausses de taux sur leurs taux de crédit.

Autrement dit, si vous avez des crédits à taux variables, empressez-vous de les transformer en taux fixes, car les taux proposés sur les crédits demeurent encore fréquentables, ce qui ne sera probablement plus le cas dans quelques mois.

Car dans quelques mois, la crise sera là et bien là. Mais parle-t-on de 2 mois, de 12 mois, ou de 18 mois ? Je ne peux décemment pas y répondre. Bien que j'en aie une idée... Voilà pourquoi, ce livre s'appelle *Chroniques d'un économiste (juste ?) avant la crise*. Nous sommes avant la crise, mais est-elle devant nous ou bien *juste* devant nous ? Aucun économiste sérieux ne peut y répondre, et une partie de la réponse se trouve dans la trajectoire que prendront les taux d'intérêt dont je viens de vous entretenir.

Dans ma conférence sur l'inflation, que je vous invite à regarder en entier via l'activation du QR code ci-dessous, je concluais que tout était possible, mais que la récession n'était pas l'hypothèse la plus probable, du moins tant que les taux d'intérêt demeureraient proches de zéro.
En trois mois, ils ont tellement flambé que la probabilité de récession s'accroît de jour en jour et peut nous arriver dessus sans prévenir.
Récession et crise étant plus ou moins synonymes, comme nous le verrons.

Dans les pages qui suivent, j'ai tenu, avant que la crise ne démarre vraiment officiellement, à compiler un certain nombre de textes et de chroniques que j'ai pu écrire ici et là, sur différents médias, dans les semaines, les mois qui ont précédé.

En préambule de chacun de ces textes, que je vais souvent enrichir, mon propos de la vision que je porte aujourd'hui sur ce que je formulais à l'époque. J'enrichirai aussi de graphiques ou autres conseils, je m'expliquerai sur le pourquoi de tel ou tel article, sur le regard que je portais alors sur l'économie, sur la probabilité d'une crise, et vous constaterez qu'il y a une progression logique de ma pensée... Tout ce que je rajoute aujourd'hui à cette compilation de chroniques sera, pour le distinguer, présenté sur fond gris. En fin d'ouvrage, vous trouverez quelques chroniques inédites car rédigées mais non publiées à ce jour.

À part la première chronique qui est récente, les différentes chroniques seront livrées dans un ordre chronologique afin que vous constatiez comment a évolué le monde qui nous entoure depuis ce début d'année 2022 ; quelle a été sa progression, son cheminement, et celui de la pensée économique qu'est la mienne. Et vous noterez bien qu'aujourd'hui, on a tendance à mettre tous les maux que nous subissons sur le dos de la guerre en Ukraine, alors que les problèmes économiques étaient en germe bien avant, et qu'ils ont bel et bien été provoqués par les politiques menées pendant la crise du COVID.

Je vous laisse donc, en tout premier lieu, regarder ma conférence, puis, ensuite, découvrir mes chroniques...

Bonne lecture !

Jean-David Haddad

4 juillet 2022

Conférence d'avril 2022

Chronique du 28 juin 2022

Publiée sur Francebourse.com

Qu'est-ce qu'une crise ?

Dans cette chronique, j'ai essayé de définir le mot « CRISE » que l'on risque bientôt d'entendre un peu partout. J'ai cru bon de commencer par cette chronique car elle pose les définitions. Ensuite, nous ferons défiler ma pensée au fil des mois.

On commence à parler un peu partout de l'imminence d'une crise.

Aussi il est bon de préciser la notion…

Sous le terme de crise, on peut mettre plusieurs idées. Allant de tout à n'importe quoi. Une crise n'est pas qu'économique. Elle peut être politique, morale, sociétale… Et d'ailleurs, une crise économique induit souvent une crise sociale via les mécanismes de paupérisation qui se renforcent, et une crise politique via la défiance vis-à-vis des gouvernants.

Sur le plan économique, le terme de crise est en fait surtout utilisé dans les médias. Il correspond à une notion économique précise qui est celle de récession. On dit qu'il y a récession lorsque la croissance du PIB est négative pendant au moins deux trimestres consécutifs. A fortiori lorsqu'elle est négative pendant un an. Si cette récession dure plus longtemps et qu'elle est profonde, on parle alors de dépression économique. À titre d'exemple, l'année 2009 a été en France une année de récession. La récession est en fait le strict inverse de la croissance. Elle signifie que le PIB (qui est lui-même la somme des valeurs ajoutées produites dans l'économie) baisse au lieu d'augmenter. Tout simplement.

La récession s'accompagne très logiquement d'un sentiment d'inquiétude au niveau de la population : peur de perdre son emploi, de ne plus pouvoir faire face à ses besoins, ce qui amplifie la récession, car les gens sortent moins, achètent moins, voyagent moins... bref, consomment moins. Et les entreprises investissent moins, elles aussi. Par peur de l'avenir. On peut dire en définitive qu'une crise est une récession accompagnée de ce sentiment négatif global qui se met alors à régner dans la conscience collective.

Les crises sont inévitables. Elles font partie des cycles économiques. De même qu'on ne fait pas d'omelette sans casser des œufs, il n'y a pas de croissance sans crises. Selon la théorie des cycles économiques, les crises arrivent de façon cyclique. Et aujourd'hui, si l'on excepte cette « crise provoquée » de 2020, il n'y a pas eu de « crise naturelle » depuis 2009. Celle d'avant datait de 1993. Bien sûr, il n'y a pas de délai précis qui soit gravé dans le marbre entre deux crises. Mais aujourd'hui, si l'on se réfère à la crise de 2008/2009, on peut clairement considérer que nous sommes « dans le timing »…

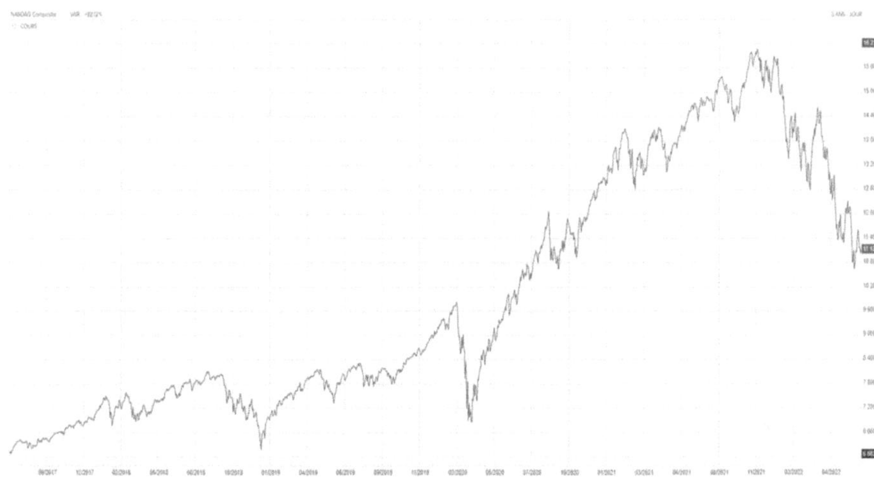

Chronique du 29 décembre 2021

Publiée sur Youtrading.com

L'adaptation des politiques budgétaires face au COVID

Cette chronique a été écrite avant qu'on ne parle de l'Ukraine. À une époque où la guerre était un fantasme. Juste avant le début de l'année 2022. Sans qu'il n'en soit donc question, je faisais alors le point sur les politiques budgétaires menées face au COVID et mettais en avant les conséquences désastreuses qu'elles avaient fait peser sur les finances publiques.

La crise sanitaire a poussé les États à adopter des politiques budgétaires inédites.

Aussi, il est essentiel de comprendre ce qu'est une politique budgétaire et comment ces politiques ont été adaptées.

La politique budgétaire se définit comme la volonté délibérée de la part d'un gouvernement de modifier les dépenses publiques et les prélèvements obligatoires en vue d'atteindre certains objectifs tels que le plein-emploi, la stabilité des prix et la croissance économique à long terme. Il s'agit donc d'agir sur la situation économique d'un pays via le budget de l'État en augmentant ou en diminuant les dépenses publiques (budgétaires) et les recettes fiscales (impôts sur le revenu et TVA qui sont les principales recettes). En période de ralentissement ou de crise économique, les consommateurs et les entreprises hésitent à faire certaines dépenses quand la situation économique est défavorable. Il s'ensuit un fléchissement de la consommation et de l'investissement et donc une baisse de la production et une hausse du chômage. L'ardeur des ménages et les entreprises étant refroidies, l'économie se trouve piégée dans un cercle vicieux. L'État peut alors décider de renverser la vapeur en augmentant ses propres dépenses ou en diminuant les prélèvements obligatoires. C'est la politique budgétaire de relance (on parle aussi de politique expansive). À l'opposé, lorsque l'économie est en surchauffe (la demande est trop forte pour l'offre, le risque d'inflation devient important), l'État utilise ses instruments budgétaires pour freiner la demande. Il augmente les prélèvements obligatoires ou réduit ses dépenses. C'est la politique budgétaire de rigueur (on parle aussi de politique restrictive).

Il faut savoir que la politique budgétaire des pays de la zone Euro est du ressort de chaque État mais tout de même encadrée par les règles du Pacte de stabilité et de croissance :

– la dette publique doit être inférieure à 60 % du PIB du pays concerné ;

– le déficit public doit être inférieur à 3 % du PIB.

Avec la crise sanitaire, ces règles, qui étaient déjà mises à mal, ont littéralement explosé en miettes. Elles ont été assouplies et sont rediscutées. La plupart des pays ont mis en place des politiques budgétaires de relance pour relancer rapidement leur économie suite à la crise causée par le COVID-19. Au 2nd semestre 2020, le gouvernement allemand avait décidé de baisser temporairement les taux de TVA pour relancer la consommation des ménages. Les taux sont passés de 19 % à 16 % et de 7 % à 5 %, puis sont revenus à leur niveau initial au 1er janvier 2021. L'économie allemande avait plus souffert que la France. Il en est de même aux Pays-Bas où les deux tiers du plan de relance sont des mesures de soutien de la demande. Le gouvernement français a quant à lui décidé d'un plan de relance exceptionnel de 100 milliards d'euros pour relancer rapidement l'activité économique. Ce plan de relance est déployé par le gouvernement autour de trois volets :
– La transition écologique avec des mesures concrètes telles que « ma prime renov » ou la prime à la conversion ;
– La compétitivité avec par exemple des baisses d'impôts de production ou encore des aides pour la transformation numérique des TPE/PME ;
– La cohésion avec des aides aux employeurs qui recrutent, notamment en apprentissage.

Enfin, à l'échelle européenne, les chefs d'État et de gouvernement se sont mis d'accord pour un plan de relance concerté de 750 milliards d'euros pour la période 2021-2023. Un dispositif inédit dans le montant et les objectifs. Pour finir, il faut savoir qu'une politique budgétaire de relance bute toutefois sur un certain nombre de limites. L'endettement public devient trop important et complique les possibilités d'emprunt futur de l'État. En outre, les ménages peuvent épargner plutôt que de consommer car ils anticipent une future hausse des impôts.

Chronique du 24 janvier 2021

Publiée sur Youtrading.com

———

INFLATION : parlons simple
pour poser le concept

———

Aujourd'hui, on nous laisse entendre que l'inflation est due à la guerre, que c'est la faute du méchant Poutine qui a envahi l'Ukraine, et que nous, gentils Européens, devons nous serrer la ceinture pour aider les gentils Ukrainiens en combattant les vilains Russes. Certes la guerre a accru l'inflation, mais cette dernière, provoquée, je le répète, par les politiques menées face à la pandémie, était déjà là bien avant. Pour preuve, cette chronique a été publiée environ un mois avant l'invasion de l'Ukraine.

Ça y est… le mot est sur toutes les lèvres, dans tous les articles… Un mot qui avait un peu disparu des livres d'économie depuis une bonne vingtaine d'années et qui refait son grand retour ! « Inflation »…

Le terme « inflation » provient du latin « *inflatio* » qui signifie « gonflement », « dilatation ». On peut dire que l'inflation est le passage de la rareté à l'abondance, du moins de la rareté relative à une abondance relative. Et on sait que tout ce qui est rare est recherché, tout ce qui est abondant est déprécié.

Le mot est utilisé dans toutes les sphères de la vie.

Ainsi, on parle par exemple de l'inflation du nombre de diplômes. Entre 1985 et 2015, le nombre de diplômes BAC+5 délivrés en France a été multiplié par 5. Un vrai phénomène d'inflation.

On peut parler de l'inflation des lois : il y a de plus en plus de lois. Pour un simple fait divers qui fait du bruit, on va produire une loi. En 2002, l'arsenal judiciaire français comptait 215 000 articles législatifs et réglementaires, contre 331 000 en 2021.

Que constate-t-on ?

Que les diplômes n'ont plus la même valeur qu'avant. Aujourd'hui, avoir un diplôme BAC+5 est presque devenu banal, puisque ces diplômes sont 5 fois plus abondants qu'en 1985. Ils sont donc dépréciés et ne donnent plus accès, de manière aussi évidente qu'autrefois, à un emploi bien rémunéré, voire à un emploi tout court.

Que plus il y a de lois, plus on s'y perd, plus les lois apparaissent comme banales, impressionnent moins et donnent moins envie de les respecter, d'autant plus qu'il est impossible de respecter 331 000 articles !

Ces deux exemples montrent un phénomène clair et net : l'inflation déprécie ce qui en est l'objet. Passons à la sphère purement économique, à présent.

Que s'est-il passé avec la gestion de la crise du COVID ? Un pays comme la France, qui a fermé l'économie, a dû soutenir cette dernière avec de l'argent qu'il n'a pas (aides aux commerces fermés, prise en charge du chômage partiel, etc.). D'autres pays ont fait de même. Mais si l'on reprend l'exemple de la France, elle a emprunté cet argent qu'elle n'avait pas. Principalement auprès de la Banque Centrale Européenne, qui, pour prêter de l'argent à la France, sous forme obligataire, a créé de la monnaie. Et elle a fait pareil avec d'autres pays. Rappelons qu'une Banque Centrale a le privilège de pouvoir créer de la monnaie à loisir.

Mais si elle en crée trop, que va-t-il se passer ? Le phénomène sera le même que pour les diplômes ou pour les lois : ce qui devient abondant perd de sa valeur. Donc la monnaie perdra de sa valeur. Par rapport à quoi ? À ce qu'elle permet d'acheter ! Donc les biens et services. Surtout quand ces derniers sont fortement demandés, comme le pétrole par exemple, qui est nécessaire au redémarrage économique mondial. Si la monnaie se déprécie par rapport à ce qu'elle permet de se procurer, cela signifie que les biens et services en question, au contraire, gagnent de la valeur par rapport à cette monnaie. Donc leur prix augmente. C'est l'inflation. Tout simplement.

En économie, l'inflation se définit donc comme la hausse des prix des biens et services, et comme on vient de le constater, cette inflation provient souvent (mais pas toujours) d'une inflation de la masse monétaire...

Chronique du 7 février 2022

Publiée sur Francebourse.com

———

Le pétrole sur ces 20 dernières années...

———

C'est le 24 février que Poutine a envahi l'Ukraine. Aujourd'hui, le cours du pétrole est à 110 dollars le baril. Le 7 février, lorsque j'ai écrit cette chronique, il était à près de 100 dollars le baril. En définitive, l'impact de la guerre sur le cours du pétrole est très relatif. Le plus gros de la hausse s'était produit avant. Et pourtant, ce n'est qu'après, bien après, que les prix du carburant à la pompe ont franchi la barre des 2 euros. Aujourd'hui, le carburant vaut en moyenne 2,20 euros, alors que le 4 février, il était à 1,70 euro en moyenne, comme le montre le graphique suivant, provenant du site du gouvernement français. Autrement dit, entre le 4 février et le 4 juillet, le cours du carburant a augmenté de 30 % alors que le cours du pétrole a augmenté d'un peu plus de 10 %. D'où provient la différence ? Principalement des taxes.

Évolution du prix des carburants en France

En euro/litre (TTC)

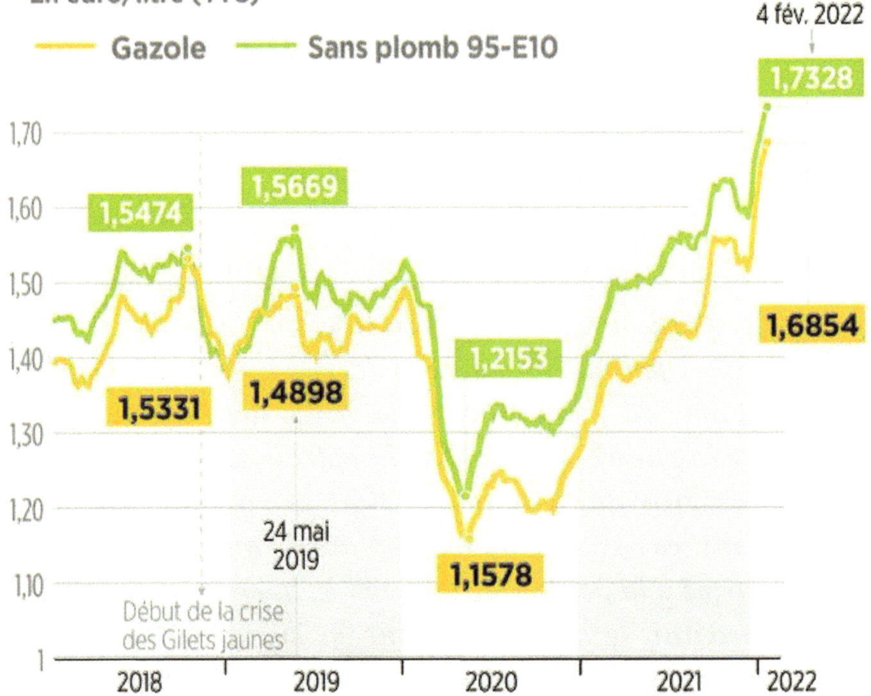

Gazole — Sans plomb 95-E10

4 fév. 2022

1,7328

1,5669

1,5474

1,6854

1,5331

1,4898

1,2153

24 mai
2019

1,1578

Début de la crise
des Gilets jaunes

2018 2019 2020 2021 2022

1,70 1,60 1,50 1,40 1,30 1,20 1,10 1

SOURCE : ÉCOLOGIE.GOUV.FR

LP/INFOGRAPHIE. 7/2/2022.

Le pétrole fait beaucoup parler de lui en ce moment…
On observe sur ce graphique, réalisé sur les vingt dernières années, une forte volatilité des cours du pétrole.

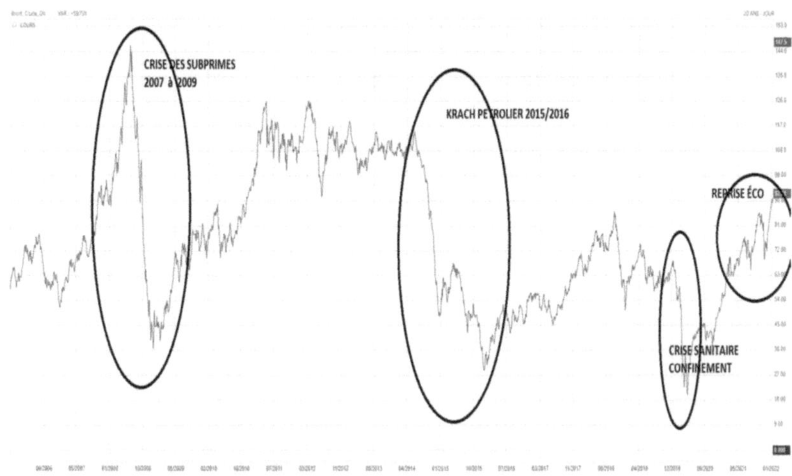

Le plus frappant est de constater l'impact de la crise des subprimes sur les cours du pétrole.

Dans un premier temps, jusqu'en juin 2008, les cours ont flambé, tutoyant un record absolu à 150 dollars le Brent. Cela était dû aux craintes généralisées, aux tensions diverses et variées, le pétrole faisant, comme l'or, parfois office de valeur refuge, mais dans une moindre mesure que l'or tout de même. À partir de juin 2008, la crise s'amplifiant, le cours du pétrole s'est alors effondré, descendant à moins de 40 dollars. La peur d'une crise fait monter les cours du pétrole, mais quand une crise est là, s'installe, elle fait alors baisser les cours de l'or noir, car qui dit crise dit moindre utilisation des avions, des camions, etc. Donc moins de demande. C'est ce qu'il s'est passé en 2020 avec les confinements. Le cours du Brent avait touché un plus bas à 20 ans. Et depuis il remonte, d'abord sous l'impact de la reprise économique, puis désormais sous l'impact des tensions géopolitiques... Aujourd'hui, le voilà se rapprochant de la barre des 100 $ le Brent.

Chronique du 28 février 2022

Publiée sur Youtrading.com

———

Au revoir COVID, bonjour MISSILE… Quand une peur en chasse une autre, quelles conséquences ?

———

Voici la première chronique que j'écrivais après l'invasion de l'Ukraine par la Russie. Je me souviens de ce fameux dimanche hyper-anxiogène, où Poutine avait brandi la menace nucléaire… La peur s'emparait des populations, et les médias s'évertuaient à évaluer le risque que nous disparaissions tous du jour au lendemain… Là, ce n'était pas tant la hausse des cours du pétrole qui m'inquiétait, mais la hausse des taux d'intérêt et tout particulièrement des taux obligataires. Mon inquiétude était fondée. Car la guerre, la logique décidée par l'Europe, ont bel et bien fait flamber ces taux…

Alors que la crise sanitaire semble toucher à sa fin, du moins dans la dimension de peur qu'elle engendre auprès des populations et des marchés financiers, une autre crise est arrivée brutalement, en quelques jours, tétanisant tous les esprits et accaparant les chaînes d'info en continu. La peur généralisée, voire le sentiment de panique, est aussi brutale qu'il y a deux ans précisément. Sauf que ce n'est plus un virus qui fait peur, mais un missile… Ou plutôt, depuis ce dimanche, le brandissement de l'arme nucléaire. Une peur en remplace une autre, et évidemment, cela va constituer un beau prétexte aux États pour brandir la protection de leurs populations. Un brandissement dont ils ont besoin.

Aussi, il nous semble pertinent de voir quelles peuvent être les projections de la situation actuelle et à venir sur l'économie et sur les marchés financiers.

La situation est très porteuse d'incertitudes… Elle n'est pas maîtrisable comme pouvait l'être celle de la guerre en Irak ou en Lybie par exemple, car cette fois, c'est la première puissance nucléaire du monde et la deuxième puissance militaire qui est l'objet des sanctions occidentales, et non un état du Moyen-Orient.

Une peur en remplace une autre, celle du COVID étant passée. Et évidemment, les marchés financiers n'ont pas fini de s'agiter. Depuis l'invasion de l'Ukraine, on note que les marchés boursiers résistent bien, et ont même eu tendance à s'aligner sur les réflexes patriotiques des marchés américains. Mais jusqu'à quand l'effondrement sera-t-il évité ? Un krach brutal comme en 2020, lorsque la peur généralisée s'est saisie des investisseurs, reste possible. En 2020, les facteurs déclencheurs du krach furent l'arrêt brutal des économies. De manière parallèle, si les sirènes d'une alerte nucléaire ou même une alerte sérieuse aux bombardements venaient à retentir, il y aurait à nouveau un arrêt de l'économie et cela engendrerait un nouveau krach boursier. Heureusement, nous n'en sommes pas là aujourd'hui, mais tout peut aller très vite...

En attendant, l'interruption des relations commerciales avec la Russie, l'interdiction faite aux avions de survoler la Russie et aux avions russes de survoler l'espace européen, sont des facteurs de freinage de la reprise économique, et tout particulièrement des facteurs de freinage de la reprise du secteur du transport aérien qui avait déjà un mal fou à s'installer. Les tensions sur le pétrole et les matières premières devraient encore s'accentuer, et l'inflation, qui fait son grand retour depuis plusieurs mois, a de grandes chances de s'accentuer. Cependant, l'annulation de nombreux vols d'avions (hyper consommateurs en carburant) freinera la hausse des cours du pétrole, sans pour autant l'arrêter, car les facteurs de hausse restent plus importants que les facteurs de baisse.

Mais des mouvements sont aussi à attendre du côté obligataire et du côté des taux d'intérêt.

Alors que la BCE menaçait plus ou moins de remonter ses taux, à l'instar de la FED américaine, et d'arrêter d'arroser les marchés en rachats d'actions et d'obligations, ce qui a d'ailleurs fait baisser les actions depuis le début d'année, voilà que l'Europe s'engage dans un programme massif de soutien de l'Ukraine. Plusieurs pays vont ainsi fournir des armes à leur voisin agressé par la Russie de Poutine. Ce sont plusieurs milliards d'euros qui vont être débloqués. De ce fait, cela va créer de nouvelles lignes d'endettement car, rappelons-le, les États étaient déjà très endettés avant le COVID et le sont encore plus après deux ans de pandémie. Aujourd'hui, la dette de la France, par exemple, est estimée à 116 % du PIB.

Aussi, les différents États de la zone Euro ne peuvent pas, pour la plupart, piocher dans leurs caisses, et donc la BCE va probablement devoir revenir sur son durcissement annoncé, d'autant plus que l'arrêt volontaire des échanges avec la Russie ressemble à l'arrêt volontaire des transports en 2020. Même si l'impact sur nos économies sera, à ce stade du moins, plus léger. Avec 38 milliards d'euros, la Russie se place en troisième position des fournisseurs commerciaux de l'Union européenne, derrière les États-Unis (71,4 milliards), et juste devant elle le Royaume-Uni (41,7 milliards).

Donc, face à cette réduction du commerce extérieur d'une UE très endettée, conjuguée à des dépenses en armement offert à l'Ukraine, la BCE risque de refaire tourner la planche à billets ! Même si cela n'a pas encore été annoncé ni peut-être même envisagé à ce stade. Ainsi, les taux obligataires qui étaient en train de flamber ont subi un coup d'arrêt depuis quelques jours. Le taux de l'OAT France 10 ans, qui avait flambé jusqu'à 0,74 % mi-février, a chuté autour de 0,60 % ces derniers jours.

En résumé, un krach boursier est désormais possible, suivi d'un fort rebond, dû non pas à une reprise économique mais à une nouvelle politique accommodante de la BCE, si elle a lieu.

À noter que la dernière fois que les armes nucléaires ont été brandies, c'était en 1962. Le Dow Jones était passé de 6 500 points environ à 5 200 points en quelques semaines, soit une baisse de 20 %.

Mais la boîte avait alors été refermée. Le sera-t-elle cette fois ?

Chronique du 14 mars 2022

Publiée sur Youtrading.com

—

La confiance des marchés
par rapport à l'Europe
a pris un sacré coup...

—

On peut dire a posteriori que c'est là que tout a commencé à basculer. Nos dirigeants européens ont beau s'ériger comme les défenseurs de la morale et la justice, les marchés n'ont vraiment pas apprécié les politiques mises en place vis-à-vis de la Russie. La confiance que les investisseurs internationaux qui achètent des obligations avaient vis-à-vis de l'Europe a commencé à réellement s'estomper à ce moment-là. C'est pour cela que les taux obligataires ont flambé. Ils montent lorsque le cours des obligations baisse. Or, celui-ci se met à baisser quand elles sont moins demandées. Et, en parallèle de la mise en place de ce mouvement, au mois de mars, nous avons pu aussi ressentir des mouvements intéressants sur l'or, qui sont détaillés dans cette chronique.

La confiance est une variable clé dans l'évolution des marchés, quels qu'ils soient. Dès lors qu'il y a une offre et une demande, la notion de confiance est essentielle dans la détermination des prix. Mais celle-ci n'est pas directement mesurable par un indice de confiance. Aussi convient-il d'observer l'évolution de plusieurs variables et de les comparer entre elles. Voici, pour commencer, un graphique peu commun.
Il s'agit du pourcentage de hausse du cours de l'or, exprimé dans les différentes devises du monde dit libre.

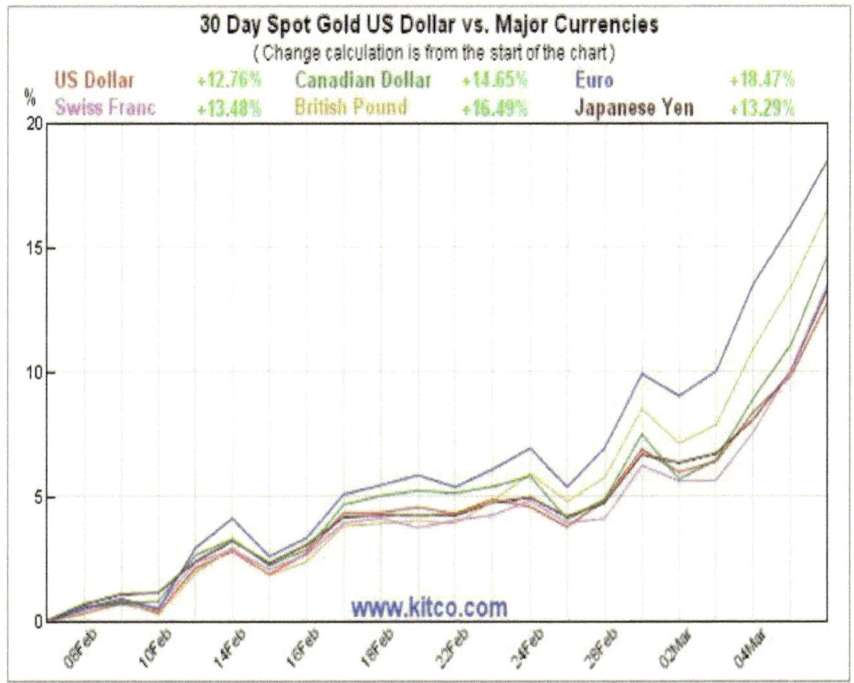

Cela permet de mesurer la résistance de chaque devise à la crise géopolitique majeure que nous vivons. Il est en effet bien plus éloquent de faire cette comparaison plutôt que de comparer les devises entre elles, puisqu'on sait que l'or est par définition très demandé en période de crise, en tant que valeur refuge.

Ainsi, depuis début février, on constate que l'or a gagné 12,5 % si on l'exprime en dollars, mais 18 % si on l'exprime en euros. Ce sont les deux variations extrêmes. Entre les deux, l'or a gagné 16 % par rapport à la livre sterling, un peu moins de 15 % par rapport au dollar canadien et dans les 13 % par rapport au yen ou au franc suisse.

Le dollar apparaît ainsi comme la devise qui résiste le mieux alors que l'euro est celle qui a perdu le plus de sa valeur face à l'or.

Parmi les grandes devises dites du « monde libre », c'est donc l'euro qui inspire aujourd'hui le plus de défiance, bien que l'inflation de l'Eurozone soit plus faible que celle qui sévit aux États-Unis. En effet, le taux d'inflation en Eurozone est estimé à 5,8 % en février 2022 (source : Eurostat) contre 7,9 % aux USA. En théorie, la devise d'une zone qui supporte moins d'inflation devrait s'apprécier et être plus demandée, mais force est de constater que tel n'est pas le cas.

Cela traduit une relative confiance des marchés envers les États-Unis et, au contraire, une relative défiance vis-à-vis de la zone Euro. Ce sentiment se retrouve dans les taux souverains. Prenons les taux à 10 ans des obligations d'État. Aux USA, le 10 ans rapportait 1,65 % annuel en début d'année contre 2 %

actuellement. Il a grimpé de 35 points de base. En France, il est passé de 0,20 % annuel à 0,70 % annuel pour l'OAT 10 ans. Il a gagné 50 points de base.

Rappelons que plus le taux de rendement d'une obligation monte, plus cela signifie que le cours de l'obligation baisse, donc que cette dernière est moins demandée. Or, le taux des obligations souveraines à 10 ans montant davantage en France qu'aux USA, cela signifie que la France inspire relativement plus de défiance que les USA aux marchés depuis le début d'année…

Tout converge donc à penser que cette crise qui affecte le monde entier a plus de retentissements, dans l'esprit des investisseurs, sur le vieux continent qu'aux États-Unis, ou même en Grande-Bretagne. Et même si les marchés boursiers européens sont moins valorisés en Europe qu'aux États-Unis, le phénomène est également notable sur ces derniers. Ainsi, l'Eurostoxx 50 perd plus de 14 % depuis le 1er janvier 2022, alors que le Dow Jones ne perd « que » 10 % à peine sur la même période.

Cela n'est pas de bon augure, surtout avec des dettes souveraines qui se sont accumulées pendant la pandémie…

Le moratoire de la dette risque à un moment d'être remis sur la table de la BCE…

Chronique du 31 mars 2022

*Publiée sur L'Édredon, la revue littéraire
en ligne sur le site jdheditions.fr*

——

Sans surprise,
l'inflation explose en mars !

——

Inflation encore et toujours… Elle était là depuis le début d'année. Elle a été provoquée par les politiques liées au COVID, comme cela a été détaillé dans mes précédentes chroniques, mais elle a été accélérée par la guerre en Ukraine. En mars, elle s'est accélérée. Et cette courte chronique en témoigne. Je venais précisément de publier un livre sur l'inflation (toujours d'actualité), et cet article servait aussi à en faire la promotion !

Selon les statistiques officielles, l'inflation explose littéralement à 4,5 % en mars 2022, du fait de la hausse des prix de l'énergie et de l'alimentaire. Après la forte hausse en février, qui était de 3,6 %, c'est désormais une progression exponentielle à laquelle nous sommes confrontés, et les Français ont de quoi s'inquiéter pour leur pouvoir d'achat ! Car, avec des revenus identiques, ils peuvent moins acheter de biens et services, c'est mécanique et mathématique…

Ce chiffre de 4,5 % d'inflation est un record depuis 1985. Le mouvement avait commencé AVANT l'invasion de l'Ukraine par la Russie, mais il s'est évidemment amplifié du fait de ce conflit. Voilà pourquoi deux secteurs sont particulièrement touchés par les conséquences de cette guerre : l'alimentaire (du fait que les terres ukrainienne et russe sont des terres fertiles de récolte), et surtout l'énergie, dont les prix progressent de 29 % au mois de mars !

Pour compenser en partie, le SMIC va croître de 2,4 à 2,6 % au 1er mai. Ce qui veut dire aussi que de nombreux salariés juste au-dessus du SMIC (donc à moins de 2,6 % au-delà) vont se retrouver au SMIC…

Les 9 vérités qu'on ne vous dit pas sur l'inflation et la manière de s'en protéger se trouvent dans mon livre *INFLATION*, paru en février 2022 chez JDH Éditions.

Chronique du 1er avril 2022

Publiée sur Youtrading.com

———

Hyperinflation et stagflation, les deux enfants terribles de l'inflation

———

Alors que j'avais publié mon livre sur l'inflation et que le mot était désormais sur toutes les lèvres en ce milieu de semestre, j'ai voulu bien préciser que l'inflation n'est qu'un concept générique, mais qu'au-delà de l'inflation, les deux risques majeurs pour nos économies étaient l'hyperinflation et la stagflation. En effet, comme le disait un vieux professeur que j'avais à la Sorbonne, un peu d'inflation ne fait jamais de mal du moment qu'il y a de la croissance ! Car après tout, le sens même de l'accumulation du capital, donc du capitalisme, c'est bien la création de richesse. Or une telle création s'accompagne de hausse des prix. Donc, en soi, l'inflation n'est pas une mauvaise chose. Sauf quand tout autour va mal. Et le 1er avril, telles étaient malheureusement les perspectives qui s'offraient à nous...

Aujourd'hui, les yeux se tournent vers l'avenir, et on pense aux enfants terribles de l'inflation dont beaucoup d'économies gardent de mauvais souvenirs... Il s'agit de l'hyperinflation et de la stagflation.

L'**hyperinflation** (ou « inflation galopante ») correspond à la situation d'une économie affectée par une inflation extrêmement élevée, qui augmente de mois en mois, échappant à tout contrôle. La monnaie se déprécie de mois en mois, et finira par perdre complètement de sa valeur.

Actuellement, nous en sommes loin et cette situation peu enviable a peu de risques d'advenir. L'Argentine est un des pays du monde qui connaît ce type de situation avec une hausse des prix de plus de 50 % en 2021, faisant suite à 36 % en 2020 et 54 % en 2019...

La **stagflation** désigne quant à elle une situation économique où une inflation élevée, c'est-à-dire une hausse généralisée du niveau des prix, coexiste avec une stagnation de la croissance économique, donc un PIB atone. Attention ! Le PIB étant en partie dopé par l'inflation, il faut mesurer la croissance du PIB déflaté pour se rendre compte du phénomène.

Cette situation risque malheureusement de se produire en Europe et surtout en France dès l'année 2023. En effet, le PIB a fortement augmenté en 2021 en raison de sa baisse organisée de 2020. Organisée car la fermeture de l'économie a été voulue et décrétée par les gouvernements. Ainsi, la croissance du produit intérieur brut français a atteint 7 % en 2021, un record depuis 52 ans, mais qui intervient après la récession record de 2020 (-8 %). Sur 2022, le FMI envisage une croissance du PIB mondial de 4,4 %, et la Banque de France table sur une progression de 3,6 % du PIB français. Par contre, un retour « à la normale », c'est-à-dire entre 1 et 2 % de croissance annuelle du PIB, est envisageable dès 2023, et peut-être même une légère récession (donc une baisse du PIB) si les taux d'intérêt se mettaient à monter plus vite que prévu et surtout si les banques centrales venaient à monter leurs taux directeurs. L'inflation se sera-t-elle calmée d'ici là ? Cela est peu probable vu la direction qui est prise. Il y a alors, dès 2023, ou peut-être même dès la fin 2022, un risque de stagflation.

Autant aujourd'hui, la hausse des prix est absorbée en quelque sorte par celle du PIB, donc par la création de richesse… Autant à partir de la fin 2022, puis 2023 et années suivantes, cela n'est pas gagné !

La stagflation aurait des conséquences très négatives sur le pouvoir d'achat, ce qui pourrait fort bien entraîner de nouveaux mouvements sociaux tels que ceux connus en 2018. Elle aurait aussi des conséquences négatives en termes d'emploi avec une hausse du chômage, puisque les entreprises, voyant le coût de leurs matières premières croître, tandis qu'elles n'ont pas de hausse suffisante de débouchés, seraient obligées de licencier. Prenons un éditeur. S'il voit le coût du papier et de l'encre augmenter, mais qu'il ne peut pas augmenter significativement le prix des livres vendus car la population ne voit pas son pouvoir d'achat croître, comment peut-il faire sinon baisser ses frais, donc licencier ?

L'histoire économique montre qu'un tel schéma profite aux métaux précieux, notamment or, argent et platine. En cas de stagflation, l'or serait aussi concerné… Quant aux cryptomonnaies, il est encore trop tôt pour dire avec conviction si ces monnaies privées numériques seraient ou pas des remparts contre la stagflation. Dans les précédentes périodes de stagflation, elles n'existaient pas…

Chronique du 23 avril 2022

*Publiée sur L'Édredon, la revue littéraire
en ligne sur le site jdheditions.fr*

———

Que disait vraiment Keynes, aujourd'hui utilisé par les étatistes ?

———

La France était en pleine campagne présidentielle, et tout le monde s'arrachait les vertus des politiques keynésiennes, surtout à gauche. Et les médias de renchérir, sans vraiment savoir qui était Keynes ni ce qu'il défendait. Je me suis d'ailleurs dit que plus nous approcherions d'une crise, plus on nous ressortirait Keynes pour justifier des sacrifices de tous : payer plus d'impôts, etc. Je suis allé jusqu'à publier un livre très étonnant de ce brillant économiste, et le préfacer. Histoire de rétablir la vérité sur ce défenseur du capitalisme, qui est loin d'être l'ultra-gauchiste que l'ultra-gauche utilise...

Tandis que plusieurs candidats à l'élection présidentielle se sont lancés dans des programmes coûteux, qui nécessitent des dépenses importantes pour l'État, et donc, forcément, un interventionnisme toujours plus grand de ce dernier dans l'économie et par ricochet dans nos vies, on a entendu les médias parler de politiques keynésiennes. Aujourd'hui, dès qu'on parle d'intervention de l'État dans l'économie, on pense keynésianisme. À une époque où Marx n'est plus à la mode, les étatistes de tous bords s'en réfèrent à Keynes.

Mais la pensée de cet économiste n'est-elle pas dévoyée ?

Voici un point sur le sujet, tandis que je viens de préfacer et publier une version traduite par nos soins de *Perspectives pour nos petits-enfants, 1930-2030* de Keynes, écrit forcément en 1930.

Non, Keynes n'est pas l'étatiste forcené auquel on se réfère aujourd'hui. La pensée keynésienne a de toute façon été enfantée par la pensée néo-classique libérale. Seulement, à une époque (l'entre-deux-guerres) où le monde se complexifiait, où la démographie galopait, où les moyens de transport explosaient, il fallait adapter cette pensée séculaire, ce que Keynes a fait.

Keynes prétendait en résumé que la liberté était essentielle, que l'Homme devait se débarrasser de ses principes moraux, donc ses jugements de valeur qui le freinent… Il faut dire que ce grand monsieur de 2m03 était très libertaire dans sa propre vie du Londres des années folles. Il prétendait donc que pour arriver à cette libération de l'individu, il n'y avait rien de tel que l'accumulation du capital. Donc la croissance économique, la hausse de la création de richesse, qui permettrait cette accumulation. On est aux antipodes de Marx !

Mais l'innovation de Keynes fut de considérer que pour pouvoir maintenir cette croissance sur le long terme, pour arriver à ce que seraient les Trente Glorieuses (qu'il avait plus ou moins prévues), et à une croissance soutenue et régulière, il faudrait que l'État intervienne dans l'économie en période de crise pour soutenir les plus pauvres afin que ces derniers puissent consommer, car Keynes considérait, à l'inverse de ses prédécesseurs néo-classiques, que la demande était la condition de l'offre et non l'inverse. Pour lui, contrairement à Jean-Baptiste Say, par exemple, l'offre ne créait pas la demande, mais la demande était nécessaire pour qu'une offre puisse être absorbée. Aussi, l'État devait soutenir la demande en période de crise par différents moyens, les politiques budgétaires par exemple, mais cela dans le but de ne pas interrompre le cycle de croissance éternelle qui mènera l'humanité au bonheur. On est donc très loin des anti-capitalistes qui brandissent Keynes pour justifier leur idéologie...

Chronique du 6 mai 2022

Publiée sur Francebourse.com

———

Jeudi noir sur Wall Street

———

C'est en ce début mai que les marchés boursiers ont vraiment commencé à perdre confiance, et à basculer dans l'anticipation réelle d'une récession. Un mois avant, cela n'était pas encore le cas. Mais la hausse des taux a alors fini par avoir raison de leur vision du verre à moitié plein. Cette courte chronique descriptive a en quelque sorte acté ce qu'il se passait. Et cette journée du 6 mai 2022, même si elle ne restera pas dans l'histoire boursière, a tout de même marqué la fin d'un vague espoir... Celui d'éviter la récession, que moi-même, un mois auparavant, je pensais potentiellement évitable. Là, j'ai vraiment compris que la crise allait arriver...

Les marchés américains ont sévèrement dévissé ce jeudi. Le Dow Jones a perdu 3,12 %, passant sous les 33 000 points tandis que le Nasdaq a vécu sa pire séance depuis mars 2020, perdant 5 % à 12 317 points.

En nombre de points, c'est la 3e pire séance de son histoire.

Depuis le 1er janvier, l'indice technologique perd 21 %.

Cela n'est pas sans rappeler l'année 2002, une année qui vous a été signalée comme une année à laquelle 2022 pourrait ressembler, 20 ans après.

La veille, les indices avaient rebondi, soulagés par la hausse de taux de la FED plus modérée que prévu.

Mais en ce jeudi noir, ils ont été rattrapés par les craintes concernant l'inflation et les hausses de taux. Le taux de l'obligation américaine à 10 ans a ainsi passé la barre des 3 % de rendement.

Ce vendredi risque d'être encore rouge, et cela dès l'ouverture sur la Bourse de Paris.

Chronique du 11 mai 2022

Publiée sur Francebourse.com

Après cette purge du marché...

La journée du 6 mai a généré des ondes de choc sur les jours qui ont suivi... Le 11 mai, c'était un peu l'heure du bilan de ces quelques jours. Et pour ma part, un basculement très clair. Les graphiques le montraient. L'Eurostoxx 50, indice boursier emblématique de l'économie européenne, venait de perdre 12 % en quelques jours.

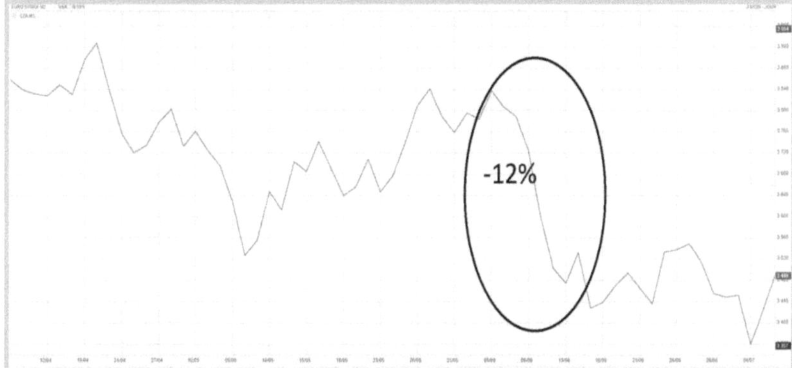

Le basculement était clair. Les marchés l'actaient. Désormais, la crise devenait inévitable.

La purge du marché est-elle finie ou proche de finir ?
Tout dépendra de l'évolution du « conflit poutinien »
mais aussi des indicateurs macro-économiques, qui
sont forcément très scrutés par les investisseurs en
cette période où une nouvelle crise économique menace.
Cette fois, ce ne serait pas une crise artificielle comme
en 2020, mais une crise réelle comme en 2008…
Elle n'est pas là à ce jour, mais finalement, elle serait
assez classique : hausse de l'endettement, explosion
des taux, inflation, stagflation, etc.
Tous les jours, je regarde les indicateurs…
Et en particulier le taux de l'OAT 10 ans.
Je vous ai toujours dit que le fait de voir le taux des
OAT négatifs était une aberration économique, une
erreur de l'Histoire qui ne pouvait pas durer et n'allait pas durer. On ne peut pas payer pour prêter de
l'argent !
Cette aberration a duré de mai 2019 à janvier 2022.
C'est fini. C'est bel et bien fini. Désormais, le taux en
question flambe, comme tous ses homologues, et se
situe même à des niveaux pas vus depuis 8 ans !
Il faut en effet remonter à 2014 pour retrouver de tels
taux, qui, en soi, sont encore modestes. L'OAT France
10 ans rapporte en effet actuellement 1,48 % par an
à ses détenteurs. Cela signifie que les obligations en
question perdent de la valeur.
En effet, si ce taux monte, c'est que le cours de l'OAT
baisse. C'est arithmétique. C'est donc qu'elles sont
moins demandées, donc qu'elles attirent moins les investisseurs, donc que la France inspire moins confiance.

Le taux est le même qu'en 2014, mais à l'époque, la dette de la France n'était pas de 116 % du PIB... Encore un facteur de tension économique !

Chronique du 16 mai 2022

Publiée sur Youtrading.com

———

À propos de l'effondrement des cryptomonnaies et des NFT...

———

Bien plus que les actions, cette période a vu les cryptomonnaies s'effondrer. Rien que deux mois auparavant, je dînais avec un jeune homme qui gagnait des sommes à faire pâlir des avocats internationaux de renom... car il vendait des prestations dans le Metavers et du conseil pour se positionner sur les NFT. Je me suis demandé, à ce moment-là (et je n'ai pas la réponse aujourd'hui encore) s'il avait encore des clients... Ceux qui exultaient deux mois avant commençaient à pleurer. Et pleurent encore en cet été 2022...

En fin d'année 2021, des fortunes se construisaient autour du WEB 3.0, dit d'ailleurs WEB 3. Cette évolution majeure d'Internet faisant la part belle aux mondes virtuels, dits Metavers. Un monde où l'on achète des NFT, jetons de propriété d'œuvres d'art, grâce aux cryptomonnaies.

Voici ainsi résumée la trilogie qui faisait rêver les investisseurs : metavers, NFT, cryptos.

La réalité du monde réel rattrape l'Humanité avec la guerre. Et ce monde futur n'est plus dans les préoccupations. Du moins pas dans les préoccupations immédiates. Ses valorisations s'effondrent. Même si le Bitcoin ne perd « que » 34 % depuis le 1er janvier et l'Ethereum ne perd « que » 43 %. Nous ne sommes pas sur des baisses de 95 %... Mais sur des baisses tout de même significatives. Voici le graphique montrant l'évolution de l'emblématique Bitcoin qui est un peu aux cryptomonnaies ce qu'est le Dow Jones aux indices boursiers.

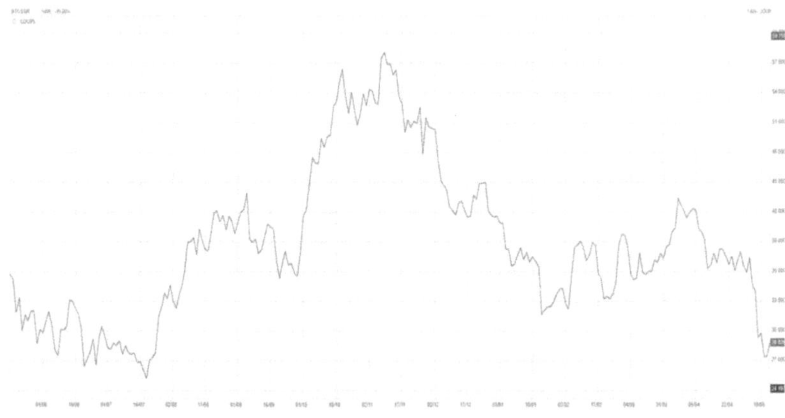

Avec l'inflation, la paupérisation qui menace du fait de la baisse du pouvoir d'achat, avec les perspectives erratiques d'une Troisième Guerre mondiale qui ne se passerait pas dans le monde virtuel mais dans le monde réel, les préoccupations deviennent plus matérialistes et donc les investissements plus défensifs. L'argent fuit cet univers, d'autant plus que beaucoup de gens, beaucoup de fonds ont construit de vraies fortunes sur ces modèles et qu'il y a des bénéfices à prendre, d'autant plus que la liquidité, à l'échelle de l'économie mondiale est loin d'être élevée. En effet, rappelons ici quelques ordres de grandeur. La capitalisation cumulée de toutes les cryptomonnaies est de l'ordre de 2 000 milliards de dollars. C'est à peine le PIB de la France et c'est tout juste celle du CAC 40. Mais c'est surtout incomparablement moins que la masse monétaire mondiale, c'est-à-dire la somme cumulée de la valeur de toutes les monnaies mondiales en circulation. En effet, cette dernière est d'environ 150 % du PIB mondial, elle a d'ailleurs fortement crû avec la crise sanitaire puisque les banques centrales n'ont cessé de créer de la monnaie. Cela la porte à près de 140 000 milliards de dollars. La force des cryptomonnaies était précisément la relative étroitesse de leur marché. Cela permet des hausses spectaculaires quand tout le monde s'en porte acquéreur en même temps. Mais le revers de la médaille, c'est que les ventes simultanées font plus mal puisque, précisément, le choc est plus dur à absorber.

Donc, cette fuite est normale, et cet effondrement a déjà été observé dans le passé. Tout cet univers est pour le moment très spéculatif.

Mais l'avenir est en marche, il se construira dans ces mondes virtuels. Mais certainement pas aussi vite qu'on a pu le penser.

Aussi, cela n'est pas sans faire penser à l'explosion de la bulle Internet en 2000. Aujourd'hui, on sait, 20 ans après, que tout transite par Internet. Ce sera pareil dans 20 ans ou peut-être 30, car un monde virtuel est bien plus compliqué à bâtir qu'un site internet. Et que les humains mettront plus de temps à y aller en masse. En fait, c'est sur le monde de 2050 que les sociétés positionnées sur ces thématiques parient. Nous n'y sommes pas même si, on le sait, la Bourse, et les investisseurs en général, aiment à anticiper les choses à l'avance. Le monde financier de 2000 tablait sur le monde de 2020 que nous vivons, dans lequel les GAFAM sont rois alors qu'ils étaient soit à l'état de start-up, soit à l'état de projets, soit à l'état de rien en 2000. Le monde financier de 2020 table sur le monde de 2050 qui mettra du temps à se construire... Donc, il semble évident que toute cette spéculation reprendra. Mais que le contexte actuel n'est pas le plus propice. La crise économique n'est pas encore là, mais si elle arrive, elle permettra, comme toute crise, de favoriser l'innovation à sa sortie.

Car il y a un temps pour tout. Un temps pour rêver à demain, et un temps pour vivre le présent. Et là, nous sommes passés dans un temps où le présent est roi. Où les gens vident les supermarchés de leurs bouteilles d'huile pour assurer les arrières. Mais ce monde de demain existera. Avec ou sans NFT (la partie la plus spéculative, qui attend que des artistes mondialement connus et réputés investissent cet univers), mais pas sans cryptos.

Chronique du 10 juin 2022

Publiée sur Youtrading.com

———

Les taux d'intérêt flambent...
et ce n'est pas fini...

———

Toujours au cœur de la problématique : les taux d'intérêt. Continuant de flamber, et éloignant cette période très bizarre de l'histoire économique pendant laquelle ils furent négatifs. Un point complet sur le sujet méritait d'être fait.

Récemment, Christine Lagarde, présidente de la BCE (Banque Centrale Européenne), a indiqué que le programme de rachats d'actifs (« *quantitative easing* ») s'achèvera « *au tout début du troisième trimestre, ce qui nous permettra de relever notre taux à notre réunion de juillet* ». Dès lors, « *nous serons probablement en mesure de sortir des taux d'intérêt négatifs d'ici à la fin du troisième trimestre* ».

C'est dans l'anticipation de ce relèvement que les différents taux du marché monétaire ont commencé à grimper, sortant de la négativité dans laquelle ils se trouvaient depuis plusieurs années.

Un petit point d'économie est nécessaire pour comprendre le mécanisme sous-jacent.

La banque centrale fixe un taux d'intérêt appelé « **taux directeur** » qui est le taux d'intérêt auquel elle va prêter de l'argent aux banques. C'est en fonction de ce taux directeur et de ses évolutions que les taux d'intérêt des banques vis-à-vis de leurs clients vont augmenter ou diminuer. Ainsi, si les taux d'intérêt pratiqués dans l'économie sont longtemps restés très bas, voire négatifs, c'est parce que la Banque Centrale Européenne a un taux directeur lui-même négatif (-0,5 %), ce qui signifie qu'elle prête de l'argent non seulement gratuitement aux banques, mais qu'en plus, elle les rémunère pour emprunter ! Une situation qui ne pouvait pas durer éternellement et que l'inflation fait voler en éclats.

Depuis la crise de 2008, ce sera la première fois, en juillet, que le taux directeur de la BCE augmentera.

Le taux qui est actuellement à -0,5 % et qui va remonter à 0 % est le taux de dépôt. Autrement dit, c'est le taux d'intérêt fixé par la banque centrale auquel sont rémunérés les dépôts que placent les banques et autres établissements financiers auprès de la banque centrale.

Les banquiers peuvent emprunter de l'argent auprès de la banque centrale, mais peuvent aussi se prêter de l'argent entre eux à court terme, à un taux d'intérêt qui est fixé sur le marché monétaire et qui en France s'appelle l'**EURIBOR**.

Et cet EURIBOR est lui aussi resté négatif depuis 2016 avant de remonter fortement sur les dernières semaines. Autrement dit, une banque qui emprunte de l'argent à une autre banque était rémunérée pour le faire ! Ce n'est plus le cas. Ces taux négatifs ont largement permis, entre autres, à l'économie européenne de ne pas s'effondrer.

Le graphique suivant montre le parcours de l'Euribor à 1 an depuis une décennie.

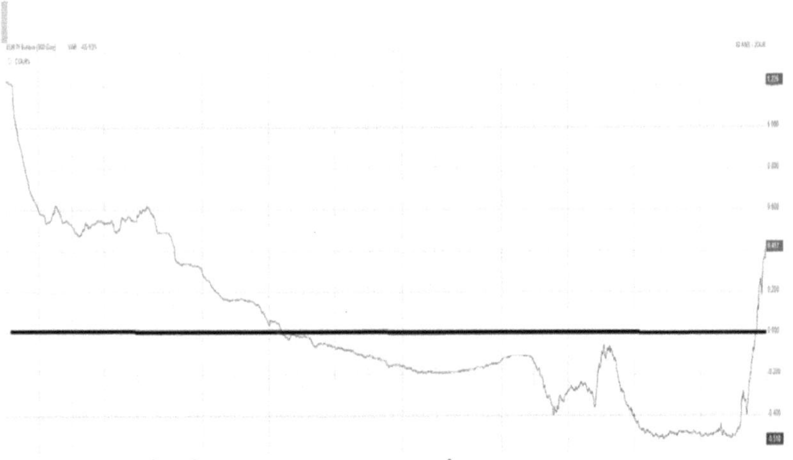

Ce n'est que très récemment qu'il s'est mis à flamber. Voilà pourquoi les taux d'intérêt des crédits immobiliers octroyés aux particuliers étaient si bas et remontent. **L'argent que la banque vous prête, la plupart du temps ne lui coûtait rien ! Voire parfois lui rapportait !**

Cette situation de taux négatifs qui a démarré depuis bientôt 6 ans a aussi contaminé le marché obligataire !

Du jamais vu dans l'Histoire… Le taux de l'OAT France 10 ans (Obligation Assimilable du Trésor) est passé lui aussi en territoire négatif depuis juin 2019, mais à présent, ce taux à surveiller de près remonte lui aussi. Cela signifie par ailleurs que le cours des obligations en question baisse.

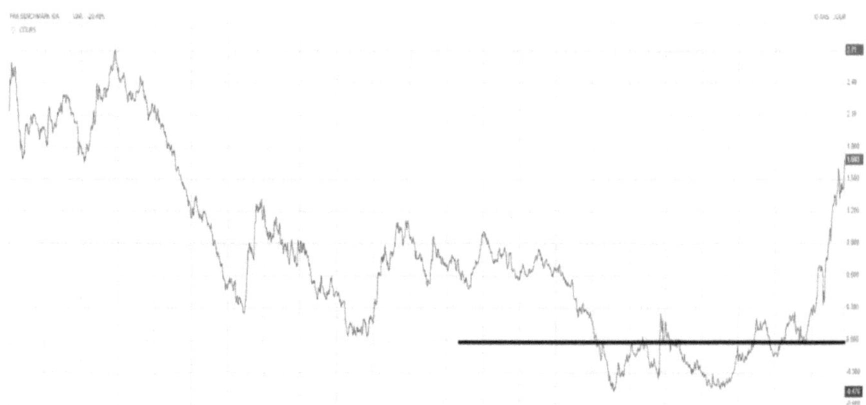

La tendance de ces taux est donc haussière depuis un an, et ce n'est pas fini !

Chroniques des 21, 23, 24 juin 2022

Publiées sur Youtrading.com

———

Naissance des crises financières

———

Une crise financière est une des composantes d'une crise globale. Elle en est le symptôme, et parfois aussi le déclencheur, comme en 1929. Car elle se transmet à l'économie réelle.
Alors qu'en cette fin de mois de juin, je n'avais plus aucun doute sur l'avènement prochain d'une crise, dont la partie financière avait déjà commencé, y compris avec les cryptomonnaies, j'ai voulu réaliser une série de 3 articles sur les crises financières que je vais ici compiler en une seule chronique, la plus longue de ce recueil... À lire et relire pour bien comprendre ce qu'il va se passer sous nos yeux pour la énième fois. Chaque réplique amenant sa variante, et là, nous ne sommes peut-être pas au bout de nos surprises...

Les années 1980 ont été le théâtre d'une mutation profonde des économies nationales. Dans la poursuite du développement du libre-échange et des flux de biens et de services dans le monde, la globalisation financière s'est développée à partir de l'expansion du système financier mondial. Le système financier correspond à l'ensemble des institutions (acteurs et marchés financiers) mondialisées qui organisent les transactions financières.

Les marchés financiers ont une réelle utilité dans l'économie :

> – ils incitent les agents économiques à placer leur épargne du fait de la multiplication des opportunités de placement : actions, obligations, bons du Trésor des États (même si ces derniers sont difficilement accessibles en direct aux particuliers, mais on les trouve dans des fonds de placement communs à plusieurs particuliers proposés par les banques, dans le cadre des assurances-vie, par exemple) ;
> – ils permettent aux entreprises de trouver des sources de financement multiples, en émettant des actions et des obligations.

Néanmoins, ils sont des sources récurrentes de déstabilisation de l'économie mondiale et des économies nationales via de terribles crises financières dont les dates ont marqué les mémoires collectives : par exemple le jeudi noir du 24 octobre 1929.

Les effets délétères sur l'économie réelle nous poussent à nous demander comment expliquer les crises financières et comment réguler le système financier.

Si l'ère industrielle a marqué le début d'un processus de croissance qui s'est étendu à la plupart des pays, cette dernière est loin d'être un long fleuve tranquille. Les phases d'expansion (hausse du PIB) alternent en effet avec celles de récession (baisse du PIB), voire de dépression (récession forte et durable, durant plus de 6 mois). Ces périodes de crise peuvent souvent être liées à des crises financières, dont, au cours du siècle dernier, la crise de 1929 et celle de 2008 sont les plus connues.

Mais comment naissent les crises financières ? Comment se propagent-elles à l'économie « réelle », c'est-à-dire comment se traduisent-elles en récession et en montée du chômage ? Et comment les régulateurs financiers peuvent-ils tenter de les prévenir ?

Demandons-nous d'abord comment les crises financières naissent. Voyons cela tout d'abord avec la crise de 1929, dite « Grande Dépression ».

Au début des années 1920, les États-Unis connaissent une phase de croissance rapide, alimentée par le développement du fordisme et ses formidables gains de productivité, ainsi que par le développement du crédit à la consommation. Ce dynamisme économique fait monter les cours boursiers. La spéculation se développe : de nombreux acteurs (qu'ils soient financiers ou de simples petits porteurs) achètent des actions en souscrivant des emprunts, qu'ils remboursent en revendant les actions en réalisant une plus-value. La phase haussière du cycle boursier génère des comportements mimétiques (rationnellement, c'est imiter le comportement des autres agents en situation d'incertitude), source de prophéties autoréalisatrices (annonce des faits qui vont provoquer les faits et ainsi assurer la véracité de ses effets) : si l'opinion majoritaire est que les cours vont continuer de monter, tout le monde achète des actions, ce qui fait... monter les cours ! Mais on assiste alors à une déconnexion entre les cours boursiers (l'indice Dow Jones est multiplié par près de 4 entre 1920 et 1929) et la situation économique sous-jacente (un ralentissement économique survient en 1927) : une bulle financière s'est formée. On dira qu'une bulle se forme sur un marché lorsque le prix qui s'y forme augmente de façon durable et continue, si bien que le prix de l'actif ne reflète plus sa valeur réelle.

Cette dernière éclate en octobre 1929. Des rumeurs selon lesquelles des gros porteurs vendent leurs titres pour prendre leurs gains génèrent un vent de panique : les comportements mimétiques et les prophéties auto-réalisatrices sont une nouvelle fois à l'œuvre, mais cette fois-ci concourent à la chute des prix des actions. Tous ceux qui avaient emprunté pour acheter des actions voient le prix de leur collatéral (les actions qu'ils avaient en garantie de leur prêt) baisser, et sont contraints de procéder à des ventes forcées, qui accélèrent la chute des cours. De 1929 à 1932, l'indice Dow Jones perd 80 % de sa valeur, la production industrielle américaine a baissé de moitié et le taux de chômage est passé de 3 % à 25 % de la population active. C'est la « Grande Dépression », qui se propagera à l'ensemble des pays industrialisés.

La « Grande Dépression » peut ainsi s'expliquer par l'effet domino et la ruée aux guichets.

La crise boursière de 1929 va très rapidement se traduire en crise bancaire : entre 1930 et 1933, 9 000 banques disparurent, sous l'influence de multiples facteurs :

- certains acteurs bancaires avaient accordé des prêts à des petits porteurs pour acheter des actions : ils réalisent des pertes sévères lors du krach boursier ;
- les déposants qui craignent que leurs banques fassent faillite se ruent au guichet pour clôturer

leurs comptes : ce phénomène de panique bancaire engendre une crise de liquidité pour les banques qui peuvent faire faillite (c'est pour éviter cet effet domino qu'existent désormais des mécanismes de garantie des dépôts : les déposants savent que même en cas de faillite de la banque, ils retrouveront leurs économies, ce qui doit éviter les phénomènes de panique) ;

– la crise immobilière et économique qui suit la crise de 1929 fait que de nombreuses entreprises n'arrivent plus à rembourser leurs prêts, ce qui aggrave les pertes des banques.

Les trois causes précédentes engendrent un effet domino, qui conduit des banques à faire faillite du seul fait de la chute d'autres banques auxquelles elles avaient accordé des prêts. Le krach boursier de 1929 est l'évènement le plus connu, il frappe d'autant plus les esprits qu'il semble un éclair dans un ciel serein.

Examinons à présent le déclenchement de la crise de 2008, et nous verrons que, 80 ans après, les mécanismes furent semblables.

Au début des années 2000, les États-Unis connaissent une période de croissance rapide. Les technologies numériques semblent enfin produire leurs effets, et le crédit est abondant et speu coûteux dans un contexte où la banque centrale a baissé ses taux directeurs suite à la crise antérieure, consécutive à l'éclatement de la bulle Internet et aux attentats du 11 septembre 2001. Des innovations financières se développent au travers de la titrisation : les crédits immobiliers accordés par les banques sont regroupés puis découpés en produits financiers complexes revendus sur les marchés internationaux à des banques, compagnies d'assurances, fonds d'investissement. On pense alors que cette technique aboutit à une diversification des risques, d'autant qu'en cas de problème de remboursement d'un emprunteur, il suffit de saisir sa maison et de la vendre, dans un contexte où les prix de l'immobilier sont en hausse depuis plus de 15 ans. Mais on assiste en réalité à la formation d'une bulle immobilière. La hausse des prix génère des comportements mimétiques (et donc des prophéties auto-réalisatrices) et du surendettement. Les banques accordent des crédits même à des ménages avec des capacités de remboursement limitées (ce segment de clientèle est dénommé « subprime ») puisqu'elles en ont transféré le risque à des investisseurs internationaux. Mais à partir de 2005-2007, les taux d'intérêt remontent, les échéances des crédits immobiliers (à taux variable aux États-Unis) deviennent trop élevées pour une partie des emprunteurs. Les taux de non-remboursements explosent, ce qui aboutit à des saisies immobilières en chaîne. Problème : il n'y a plus d'acheteurs, et les banques qui ont saisi les biens immobiliers procèdent à des ventes forcées qui font baisser les prix du collatéral (le bien immobilier en gage du prêt), accentuant la crise immobilière, qui va se transformer en crise financière et en crise économique.

La « Grande Récession » de 2008, qualifiée de crise des subprimes, s'explique alors par le rôle particulier de la titrisation.

Lors de la crise des subprimes, plusieurs catégories d'acteurs bancaires sont touchées :

– les banques américaines qui avaient accordé des crédits immobiliers et qui réalisent alors de lourdes pertes ;

– les investisseurs internationaux qui avaient souscrit, via la titrisation, des titres financiers adossés à des crédits subprimes ;

– des banques d'investissement qui avaient vendu des produits d'assurance contre le risque de non-remboursement des crédits subprimes (c'est notamment le cas de la banque Lehman Brothers qui fera faillite en 2008).

Dans ce contexte de fragilité mondiale du système bancaire, les banques perdent confiance et refusent de se prêter des liquidités sur le marché interbancaire. La crise de liquidité se propage par effet domino. Des clients craignant pour leurs économies se ruent à nouveau au guichet, comme pour la banque Northern Rock en 2008. Mais contrairement à 1929, les interventions des banques centrales seront massives pour éviter une crise de liquidité généralisée. Elles prêteront sans limite à taux faible, voire nul de la monnaie centrale aux banques qui en auront besoin.

Mais comment les crises financières se transmettent-elles à l'économie réelle ?

L'économie réelle correspond à la sphère économique de production et d'utilisation des biens et des services sans tenir compte des flux monétaires et financiers : production, consommation, investissement, emploi...

Le premier canal de transmission de la crise est la contraction de l'offre de crédit (*credit crunch*) : comme les banques éprouvent les plus grandes difficultés à trouver des liquidités, du fait de la baisse de la croissance, qu'elles ont réalisé des pertes importantes, et que la crise les rend pessimistes sur la conjoncture économique à venir, elles sont réticentes à octroyer des prêts aux entreprises et aux ménages. Le coût des emprunts – le taux d'intérêt – est également accru, car l'ensemble des créanciers exigent des primes de risque plus élevées en raison de la crise de confiance qui s'est installée. Les PME (petites et moyennes entreprises) sont les premières à souffrir de cette situation, les banques préférant les emprunteurs les moins risqués (États et grandes entreprises). L'assèchement du crédit réduit l'activité économique : sans la possibilité de recourir à des emprunts, les ménages réduisent leurs dépenses, tandis que les entreprises reportent ou annulent des investissements, voire rencontrent des problèmes de trésorerie pouvant les mener à la faillite. Et pour reconstituer des liquidités, les entreprises et les particuliers vendent des actifs, donc des actions, voire des biens immobiliers, ce qui fait baisser leur prix. Cela crée un choc de demande négatif, autrement dit une baisse de la demande, qui entretiendra la baisse de la croissance. C'est un cercle vicieux qui se met en place. Qui a été très clairement identifiable en 2008.

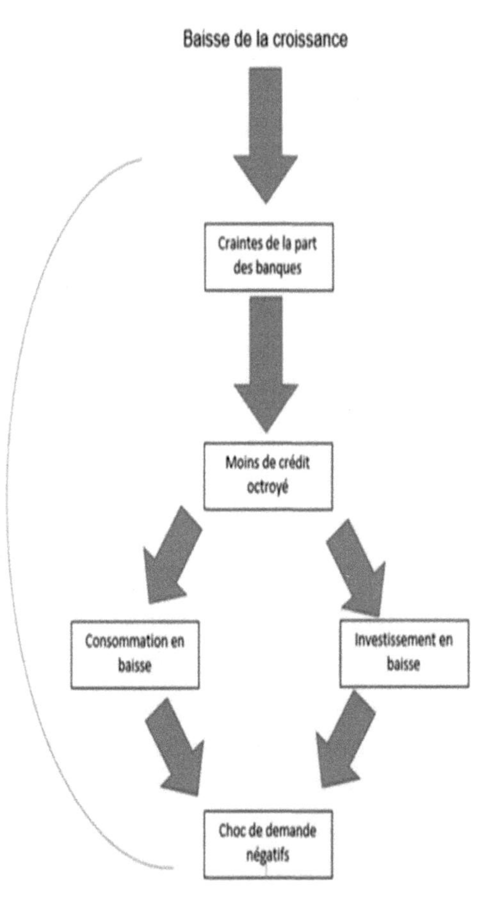

Baisse de la croissance
Craintes de la part des banques
Moins de crédit octroyé
Consommation en baisse
Investissement en baisse
Choc de demande négatifs

Le second canal réside dans la dépréciation (perte des valeurs) des actifs, mobiliers et immobiliers. La baisse des prix de l'immobilier et la chute des cours boursiers dévalorisent les patrimoines des ménages, d'autant plus qu'ils possèdent de nombreuses actions et obligations. Ils voient donc leur richesse réelle baisser et peuvent avoir tendance à épargner davantage afin de reconstituer la valeur initiale de leur patrimoine. Si les comportements des ménages s'ajustent de cette manière, il y a un effet négatif sur la consommation qui amplifie la crise. Autrement dit, les comportements de consommation et d'investissement dépendent en partie du patrimoine. Plus il est élevé, plus on se considère riche et ainsi on consomme et on investit, et inversement. C'est ce qu'on appelle l'effet de richesse. Cet effet est particulièrement visible aux États-Unis, car les ménages américains sont très sensibles aux dépréciations d'actifs, du fait de leur épargne retraite investie pour moitié en Bourse. De plus, aux États-Unis et au Royaume-Uni, la dépréciation des actifs pèse aussi sur la consommation par le biais de la capacité d'endettement des ménages. Celle-ci dépend en effet de la valeur des patrimoines : quand un ménage voit la valeur de sa maison progresser, il peut à nouveau s'endetter à hauteur de cette plus-value potentielle.

L'impact des crises financières sur l'économie « réelle » est particulièrement dévastateur lorsqu'elles conduisent à une spirale déflationniste. En effet, une crise amène une baisse des revenus des agents économiques (faillite d'entreprises, licenciements). Cette baisse des revenus entraîne une chute de la consommation et de l'investissement, donc de la demande. Cette baisse de la demande peut conduire à une désinflation (c'est-à-dire que les prix augmentent moins vite, l'inflation diminue), voire à la déflation, c'est-à-dire une baisse généralisée des prix. Ce n'est évidemment pas le cas aujourd'hui où l'inflation ne fait qu'augmenter, mais une fois que la crise sera vraiment déclenchée, une spirale déflationniste sera alors possible si on vient à constater une véritable absence de la demande.

Une déflation est dangereuse car elle va renforcer la baisse de l'activité économique. La déflation agit ainsi négativement par trois mécanismes :

– elle conduit à des reports des achats par les consommateurs (car ceux-ci anticipent que les prix vont continuer à baisser), ce qui fait diminuer la demande et accentue la baisse des prix (on retrouve le mécanisme des prophéties autoréalisatrices) ;

– elle fait baisser les marges des entreprises (puisque celles-ci vendent leurs produits moins chers), qui vont chercher à baisser les salaires ou à licencier du personnel, ce qui accentue la crise ;

– elle augmente le poids des dettes : il devient plus difficile de rembourser les dettes lorsque le chiffre d'affaires des entreprises diminue du fait de la déflation, ou que les revenus des ménages baissent du fait des baisses de salaire ou des licenciements. Pour se désendetter, les acteurs économiques procèdent à des ventes forcées d'actifs, générant de nouvelles crises (financières, immobilières...).

Ces différents éléments agissent négativement sur la consommation et l'investissement, ce qui renforce la baisse de la demande et conduit à une baisse supplémentaire de la production, qui peut conduire à la dépression, c'est-à-dire une diminution importante et durable de la production et de la consommation. Les licenciements se multiplient, les entreprises ferment. La dépression, récession importante et durable, va ainsi conduire au développement d'un chômage de masse. Cette spirale déflationniste, à l'œuvre pendant la crise de 1929, a pu être évitée dans de nombreux pays développés suite aux plans de relance engagés après 2008, mais cela n'a pas été le cas en Grèce, où le PIB a baissé de 30 % entre 2008 et 2015 et le chômage est passé de 7 % à 25 % de la population active.

Nous terminerons en nous demandant comment les banques centrales peuvent réguler le système financier. La régulation est l'ensemble des mécanismes et des règles qui assurent le bon fonctionnement et la stabilité du système bancaire et financier.

L'ampleur de la crise de 1929 a appris aux gouvernants qu'il était dangereux de ne pas intervenir en cas de crise financière et bancaire. Toutefois, sauver les banques lorsqu'elles sont au bord de la faillite engendre un problème nouveau. Les banques risquent alors en effet d'adopter un comportement d'aléa moral : se sachant assurées contre la faillite, elles risquent alors d'adopter une attitude moins prudente, augmentant par là même la probabilité que ce risque se réalise.

Comment les régulateurs financiers peuvent-ils alors intervenir pour prévenir ce risque d'aléa moral ?

Premier volet de la régulation financière : réduire l'aléa moral des banques en renforçant leurs fonds propres avec le ratio de solvabilité.

Les banques ayant un rôle clé dans la propagation des turbulences financières à l'économie tout entière, il est alors apparu nécessaire d'en renforcer le contrôle, en particulier après 2008 et la faillite de nombreuses banques dont Lehman Brothers. Dans les années 1980, les banques centrales des pays développés mettent en place un outil réglementaire pour limiter les risques de faillite : le ratio de solvabilité (c'est le rapport entre le fonds propre de la banque et ses engagements financiers : sommes prêtées et investies par leur risque). Les banques doivent disposer de fonds propres au moins égaux à 8 % des crédits risqués qu'elles ont accordés. En cas de non-remboursement d'une partie de leur crédit, elles disposent ainsi d'un capital suffisant pour absorber elles-mêmes leurs pertes sans avoir à être secourues par les pouvoirs publics.

La crise de 2008 a cependant montré que ce ratio de 8 % pouvait être insuffisant. Il a donc depuis été renforcé sur plusieurs points :

    – le ratio minimum est passé de 8 % à 10,5 % ;

    – il doit même être plus élevé en cas de bonne conjoncture économique.

Notons cependant que les banques ont la possibilité d'évaluer elles-mêmes le niveau des risques de leur activité. Il existe toujours un risque qu'elles le sous-estiment pour ne pas avoir à disposer d'un niveau élevé de fonds propres (dont elles pensent qu'elles pénalisent leur rentabilité).

Deuxième volet de la régulation financière : réduire l'aléa moral par la supervision bancaire et la gestion des faillites.

La supervision bancaire correspond au rôle de surveillance des banques commerciales par la Banque Centrale.

Après la crise de 2008, dans plusieurs pays comme l'Irlande, l'Espagne ou Chypre, les États ont dû intervenir pour recapitaliser les banques, ce qui a augmenté la dette publique. L'Union européenne a alors décidé d'accorder à la BCE un pouvoir de surveillance des plus grandes banques de la zone (surveillance de la solvabilité et de la liquidité des banques). La BCE doit alors signaler aux autorités européennes si la défaillance d'une banque est probable, et les autorités européennes décident des mesures à prendre via le mécanisme de résolution unique. Le principe étant que les pertes de la banque doivent avant tout être payées par les actionnaires ou les gros créanciers de la banque, ou que l'on puise dans un fonds de résolution alimenté par les cotisations des banques, plutôt que de faire appel au renflouement des États. Autrement dit, privilégier le sauvetage interne au sauvetage externe. Il faut cependant noter que le montant mobilisable par le fonds de résolution (55 milliards d'euros d'ici 2023) risque d'être insuffisant en cas de crise financière systémique.

Enfin, depuis 2014, la Banque Centrale Européenne surveille les banques grâce à la mise en place de *stress tests* réguliers, pour voir si la banque est capable de résister à des chocs ; si ce n'est pas le cas, la banque doit augmenter sa part de fonds propres et réduire les risques.

La grande question qui se pose aujourd'hui est de savoir si les banques centrales n'ont pas utilisé tous les moyens à leur disposition... Si elles peuvent encore réguler le système de manière à éviter qu'une récession se transforme en dépression... Si la prochaine crise aura des conséquences limitées comme en 2008 ou terribles comme en 1929, menant à une guerre mondiale dix ans après le début de la crise...

Chronique du 27 juin 2022

Publiée sur Youtrading.com

———

Bientôt la crise...
mais quelle crise ?

———

Une fois que le doute n'est plus permis, les deux questions sont QUAND et COMMENT. Ces deux questions étant complexes à traiter, j'ai ici voulu redéfinir le concept de crise.

Les acteurs économiques, relayés par les médias, s'accordent à parler de crise à venir. Il est vrai qu'il y a aujourd'hui un terrible alignement des planètes qui laisse peu de doutes sur l'imminence d'une crise :
— Une inflation qui augmente de mois en mois et qui ne semble pas près de s'arrêter, tandis que le PIB n'augmente plus et que nous sommes donc clairement en stagflation ;
— Une guerre à nos portes, donnant naissance à des pénuries ciblées (huile par exemple) renforçant l'inflation ;
— Des États endettés comme jamais suite aux politiques de « fermeture des économies » décrétées en

2020 et 2021, qu'il a fallu financer afin de limiter le nombre de faillites ;
– Des taux d'intérêt qui s'emballent, après plusieurs années de taux négatifs ;
– Une charge de la dette qui va exploser du fait de la hausse des taux souverains.
Les trois seules questions que l'on peut se poser sont :
– Quand la crise débutera-t-elle vraiment ?
– Quelle sera son ampleur ?
– Que feront les pouvoirs publics pour la contenir alors qu'ils ont tout utilisé pendant la crise de 2008 et celle liée au COVID ?
Nul ne peut décemment répondre à ces questions aujourd'hui. Tout économiste avisé peut prévoir que la crise nous guette, mais aucun ne peut dire quand elle démarrera exactement ni l'ampleur qu'elle prendra.
Aussi, pour le public non initié à toutes les définitions précises du répertoire économique, avec lequel les médias n'hésitent pas à jouer, il est bon de préciser ce que peut recouvrir exactement la notion de crise...

Sous le terme de **crise**, on peut en effet mettre plusieurs idées. Allant de tout à n'importe quoi. Une crise n'est pas qu'économique. Elle peut être politique, morale, sociétale... Et d'ailleurs, une crise économique induit souvent une crise sociale via les mécanismes de paupérisation qui se renforcent, et une crise politique via la défiance vis-à-vis des gouvernants.
Sur le plan économique, le terme de crise est en fait surtout utilisé dans les médias. Il correspond à une notion économique précise qui est celle de récession. **On dit qu'il y a récession lorsque la croissance du PIB est négative pendant au moins deux tri-**

mestres consécutifs. A fortiori lorsqu'elle est négative pendant un an. Si cette récession dure plus longtemps et qu'elle est profonde, on parle alors de dépression économique. À titre d'exemple, l'année 2009 a été en France une année de récession. La récession est en fait le strict inverse de la croissance. Elle signifie que le PIB (qui est lui-même la somme des valeurs ajoutées produites dans l'économie) baisse au lieu d'augmenter. Tout simplement.

Les graphiques représentant l'évolution du taux de croissance du PIB dans le temps, comme celui qui suit, permettent de mettre en évidence les périodes de récession : ce sont celles où le PIB a un taux de croissance négatif. Et uniquement celles-ci, qui se produisent donc lorsque le taux de croissance du PIB est inférieur à 0.

Source : lafinancepourtous.com d'après Insee

Sur le graphique, on voit des périodes de récession en 1975 (choc pétrolier), en 1993, en 2009 et en 2020, mais en 2020, la récession a été provoquée par les États qui ont décidé de réduire la production globale des économies, ce qui a occasionné un très fort rebond du PIB en 2021. Il s'agit ici de données concernant la France.

Le reste du temps, le PIB ne baisse pas, mais on voit que sur le long terme, il a un taux de croissance de moins en moins élevé. Autrement dit, il croît de moins en moins vite. Ne pas confondre, donc, ralentissement de la croissance et récession. On peut facilement vous manipuler avec ces notions pour vous faire passer un discours politique, par exemple. Certes, un ralentissement de croissance peut mener à une récession, mais heureusement, cela n'arrive que rarement !

La récession s'accompagne très logiquement d'un sentiment d'inquiétude au niveau de la population : peur de perdre son emploi, de ne plus pouvoir faire face à ses besoins, ce qui amplifie la récession, car les gens sortent moins, achètent moins, voyagent moins… bref, consomment moins. Et les entreprises investissent moins elles aussi. Par peur de l'avenir. On peut dire en définitive qu'une crise est une récession accompagnée de ce sentiment négatif global qui se met alors à régner dans la conscience collective.

Les crises sont inévitables. Elles font partie des cycles économiques. De même qu'on ne fait pas d'omelette sans casser des œufs, il n'y a pas de croissance sans crises. Selon la théorie des cycles économiques, les crises arrivent de façon cyclique. Et aujourd'hui, si l'on excepte cette « crise provoquée » de 2020, il n'y a pas eu de « crise naturelle » depuis 2009. Celle d'avant datait de 1993. Bien sûr, il n'y a pas de délai précis qui soit gravé dans le marbre entre deux crises. Mais aujourd'hui, si l'on se réfère à la crise de 2008/2009, on peut clairement considérer que nous sommes « dans le timing »…

La Bourse, qui aime anticiper, a commencé à s'en inquiéter, car un indice comme le Nasdaq perd 30 % sur le premier semestre 2022…

Chronique du 3 juillet 2022

Publiée sur L'Édredon, la revue littéraire en ligne sur le site jdheditions.fr

———

La crise qui arrive
sera celle de l'étatisme

———

Alors que le deuxième semestre de l'année commençait, la réponse à la question « quand ? » m'apparut comme une évidence. En fait, on allait bientôt, très bientôt nous annoncer une croissance négative pour la plupart des pays occidentaux. Probablement pas les États-Unis, mais l'Europe, certainement. Le mot « récession » va être évité pour ne pas faire peur. Mais au bout d'un deuxième trimestre récessif, donc vers les annonces d'octobre, le mot sera officiellement lancé. Et celui de « crise » suivra. Avant la fin d'année, on parlera donc de crise. Sauf si les médias font tout pour reporter cela à 2023...

J'ai donc voulu m'interroger sur la nature de cette crise. Et j'en suis arrivé à la terrible conclusion que j'ai développée dans cette chronique...

Il y a un siècle, les années folles, qui furent des années de dérégulation, de liberté, surtout aux États-Unis, ont conduit à une spirale spéculative sans précédent, qui a mené à la crise de 1929, menant elle-même le monde à une paupérisation qui n'est pas étrangère à la Deuxième Guerre mondiale.

Depuis, les crises majeures se sont succédé, à des intervalles plus ou moins irréguliers. La dernière crise majeure en date étant celle des subprimes en 2008.

Aujourd'hui, tous les économistes s'accordent à dire que la prochaine crise est imminente. L'inflation galope, la croissance faiblit et devient même nulle. Nous sommes aujourd'hui en stagflation. La récession (baisse du PIB) est toute proche, et là on pourra clairement parler de crise.

Mais cette crise qui s'annonce ne sera pas la conséquence de libertés économiques trop importantes, d'une spéculation effrénée. Non. Elle sera tout simplement la conséquence d'une mainmise sans précédent depuis plus de deux siècles de l'État sur l'économie (pour ce qui concerne la France), des États sur les économies pour ce qui concerne l'Europe, et, dans une moindre mesure, les États-Unis.

Rembobinons un peu le film que nous vivons depuis l'avènement des « années 20 » (qui sont décidément l'inverse des années 20 du siècle précédent).

Il y a un peu plus de deux ans, une pandémie mondiale, dite COVID, s'est déclarée. Moins létale, à en croire toutes les statistiques, que la grippe espagnole. Cette pandémie a pourtant déclenché, un peu partout dans le monde, sous l'impulsion de la Chine (d'où est partie

la pandémie), des mesures autoritaires de fermeture des commerces, de restriction des mouvements de population. « Restez chez vous », nous disait-on bien autoritairement. Les États membres de l'Union européenne se sont plus ou moins concertés sur ces mesures, et sur les aides à apporter aux entreprises. En France, le « quoi qu'il en coûte » a coûté très cher. La dette de notre pays, qui ne faisait que galoper depuis des années, mais ne dépassait pas le plafond de verre des 100 % du PIB, a explosé. La voilà aujourd'hui à 115 % du PIB environ. Un bond en avant comme jamais cela n'était arrivé. Il y eut donc une récession en 2020, qui, loin d'être naturelle, fut provoquée par les mesures autoritaires. Le PIB français chuta de 8 % environ. Naturellement, en 2021, il rebondit de 7 %, ce qui ne gomma pas totalement la perte subie en 2020. Il faut dire que cette année-là, les mesures restrictives se sont poursuivies. Aux États-Unis, où l'État intervint beaucoup moins qu'en France, la récession de 2020 ne fut que de 3,4 % et le rebond de 2021 fut de 5,7 %. Autrement dit, fin 2021, le PIB américain dépassait celui de la fin 2019, alors qu'en France, il restait encore en dessous. Le modèle libéral tant décrié a donc mieux fonctionné que ce modèle étatiste, ultra-autoritaire, mimant davantage celui de la Chine, un pays dont les mœurs et les habitudes sont pourtant très différentes de chez nous.
Suite à toute cette monnaie qui a été créée par la Banque Centrale Européenne pour « aider » les entreprises que les États ont eux-mêmes mises en difficulté, l'inflation, qui n'existait quasiment plus

depuis une trentaine d'années, ne pouvait plus être évitée. Elle commençait à galoper. Et là, l'Europe a décidé de mener une « guerre économique » (ce sont les propos du ministre français de l'Économie) à la Russie, en raison de l'invasion de l'Ukraine. Les conséquences se font sentir : affaiblissement de la fourniture de gaz russe, hausse des prix du pétrole et des matières premières ainsi que des denrées alimentaires. L'inflation s'accélère alors, tandis que les entreprises sont invitées autoritairement à ne plus commercer avec la Russie. Du coup, l'État s'engouffre dans des mesures de plus en plus autoritaires, après avoir ouvert une sorte de boîte de Pandore avec le COVID. Les conséquences se ressentent à la pompe, au supermarché, et de nouvelles mesures autoritaires sont décrétées, comme une hausse brutale du SMIC, afin que la population la plus modeste ne pâtisse pas trop d'une inflation qui s'accroît de mois en mois. Mais le mal est fait, et la paupérisation est en route. D'autant plus que les taux d'intérêt flambent, ce qui est logique avec l'inflation.

La récession est donc désormais inévitable, et cette fois, il n'y aura pas de rebond fort et contrôlé comme en 2021. On parle aujourd'hui de restrictions de gaz et d'électricité pour le prochain hiver. En effet, selon *Les Échos* de ce 1er juillet 2022, la loi « pouvoir d'achat », qui doit être présentée en Conseil des ministres dans les prochains jours, aura un volet intitulé « Souveraineté énergétique », qui offre potentiellement « des pouvoirs sans précédent à l'État » pour parer à une crise énergétique qui pourrait avoir lieu cet hiver.

Ainsi, il y serait écrit que « le ministre chargé de l'Énergie peut décider temporairement de restreindre ou suspendre le fonctionnement de certaines installations de production d'électricité utilisant du gaz naturel » afin d'économiser cette énergie. Quant aux centrales électriques, l'État pourrait aussi « les réquisitionner afin qu'elles fonctionnent selon ses instructions ». EDF, Engie et TotalEnergies, qui exploitent des centrales à gaz en France, seraient alors indemnisés. Le gouvernement pourrait par ailleurs forcer le remplissage des stockages souterrains français de gaz mais aussi fixer « une trajectoire de remplissage minimal ». L'État ne fait qu'accroître ses pouvoirs sur l'économie et sur la population, comme je l'avais malheureusement prédit dans mon essai *Face au monde d'après*, paru en juin 2020. Le monde d'après est bien celui de l'économie administrée. Hélas.

Chronique du 7 juillet 2022

Publiée sur Francebourse.com

———

La prochaine crise verra-t-elle un effondrement de l'euro ?

———

Alors que les marchés boursiers tentaient de rebondir en ce début juillet, l'évènement le plus notable fut la baisse de l'euro. Il y avait très longtemps qu'on ne parlait plus de parité avec le dollar. La revoilà. Et moi, toujours de m'interroger sur les spécificités de la nouvelle crise…

Tandis que la prochaine crise, qui est déjà là mais débutera officiellement lorsque deux trimestres consécutifs de récession seront observés, sera celle de l'inflation et corrélativement du pouvoir d'achat, celle de la dette souveraine, on peut se demander si elle ne sera pas aussi celle de l'effondrement de l'euro. En effet, la devise européenne est en très forte baisse depuis quelque temps. Alors qu'on la pensait capable de rebondir sur son support des 1,04 dollar, la voilà qui au contraire s'effondre vers la parité euro/dollar, ce qui ne lui était pas arrivé depuis 2002. À cette époque d'ailleurs, le plus bas avait été touché à 0,96 $.

Un plus bas qui est de plus en plus probable, et on peut même penser que le pire est possible, quand on voit que l'Allemagne, jusque-là toujours excédentaire au niveau de sa balance commerciale, vient de passer déficitaire. En effet, pour la première fois depuis la réunification du pays, la balance commerciale allemande est négative en mai, d'un peu moins d'un milliard d'euros.

Le COVID et l'Ukraine y sont pour quelque chose. Dans ces conditions, comment l'Allemagne pourrait-elle demain venir implicitement au secours des pays du sud de l'Europe, comme cela fut le cas il y a 10 ans ?

L'euro risque désormais d'être la monnaie qui subira le plus la crise...

Chronique non publiée

Que pensent vraiment les économistes que je connais?

Parmi tous ceux qui travaillent sur les problématiques économiques, et à ce titre peuvent être qualifiés d'économistes ou de para-économistes, je crois que tout le monde s'accorde à voir une crise arriver. Seulement, une seule des personnes avec qui j'ai échangé sur le sujet voit une crise énorme, dévastatrice, plus grave qu'en 2008. Les autres imaginent une crise assez légère, avec une récession de deux trimestres mais finalement un taux de décroissance du PIB proche de zéro.

En revanche, personne n'est capable de dire aujourd'hui ce qui adviendra de la dette souveraine. La flambée des taux d'intérêt, dont il a été question tout au long des vingt chroniques présentées dans ce livre, va alourdir la charge de la dette. C'est évident. Combien de temps le gouvernement tiendra-t-il sans augmenter les impôts? Alors qu'en France, le taux de prélèvements obligatoires est le plus élevé au monde... C'est cette question de la dette souveraine qui reste au centre du jeu, et qui fait que la crise peut être plus ou moins importante, plus ou moins profonde...

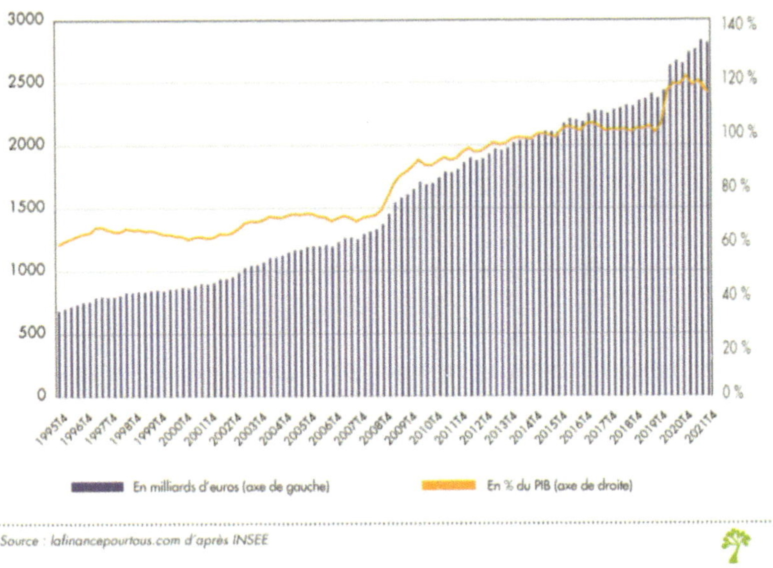

Source : lafinancepourtous.com d'après INSEE

Voici l'évolution de la dette de la France par rapport au PIB selon les chiffres officiels. Le graphique s'arrête à fin 2021 car les chiffres officiels mettent un peu de temps à arriver. Il est évident que si le PIB baisse à partir du second semestre 2022, le ratio DETTE/PIB, matérialisé selon la courbe orange, va augmenter. D'autant plus qu'à fin 2021, les taux des OAT n'avaient pas flambé. Autrement dit, toutes les nouvelles obligations émises par la France depuis le début 2022 lui coûtent bien plus cher que celles émises précédemment. Le cap des 120 % va être rapidement pulvérisé, probablement fin 2021/début 2022.

Qui détient cette dette de la France ? La question a son importance… Un graphique vaut souvent mieux qu'un long discours, aussi voici ce pourcentage de détention.

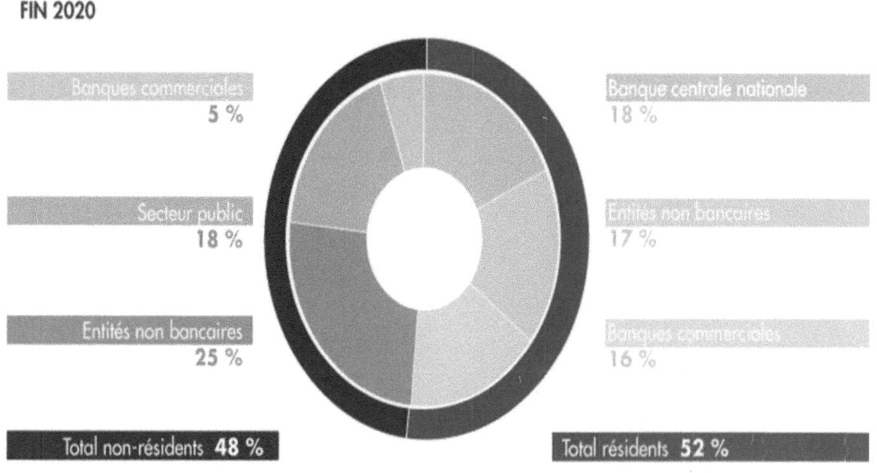

Source : lafinancepourtous.com d'après Agence France Trésor

En gros, la moitié de la dette est détenue par des non-résidents. À noter que près de 20 % de la dette est détenue par des agents bancaires (résidents ou pas) qui achètent des obligations pour leurs assurance-vie et autres fonds de gestion.

La BCE détient environ 20 % de la dette française. Elle ne peut pas annuler la dette française sans annuler la dette des autres pays. Donc, même si la BCE annulait la dette des États européens (jubilé de la dette), ce qui serait un cataclysme pour la devise européenne, la dette française resterait à environ 100 % du PIB... Le problème resterait entier.

Aujourd'hui, il n'y a aucune solution viable pour cette dette souveraine... Et même si la crise qui s'annonce

ne sera pas très profonde (comme la plupart des économistes que j'ai pu consulter le sous-entendent), le
problème de la dette, qui est vraiment né juste après
la précédente crise (et a permis de la juguler), restera
entier...

Chronique non publiée

Comment sortirons-nous
de cette crise ?

Les banques centrales ont été très accommodantes pendant toute la période de croissance qui a précédé le COVID et aussi pendant la courte période de reprise qui a suivi le COVID ; pourtant, elles auraient eu l'occasion de remonter les taux sans que cela ne soit préjudiciable pour l'économie. Pourquoi ne l'ont-elles pas fait alors qu'elles le font aujourd'hui ? Elles le font pourtant maintenant, alors que la situation est fortement détériorée. Il faut dire que l'inflation ne leur laisse pas beaucoup de choix ! Mais elles pourraient néanmoins modérer leurs ardeurs à remonter les taux. À mon humble avis, les banques centrales savent que la crise arrive, que l'iceberg de la récession est là, droit devant... Et elles remontent les taux pour se donner ensuite les moyens de les baisser une fois que la récession sera officialisée et que les marchés financiers auront bien chuté. Donc, une fois de plus, les banques centrales seront les chevaliers blancs aidant à sortir de la crise. Mais ce qui a permis de sortir de

la crise de 2008 permettra-t-il de sortir de cette crise-
là ? Rien n'est moins sûr, car il y a un paramètre en
plus, qui est celui de la guerre, et des dépenses que
cette guerre occasionne...

Chronique non publiée

———

La Troisième Guerre mondiale...
Est-ce pour cette fois ?

———

L'économie et la géopolitique sont intimement liées. C'est des frustrations des peuples que le besoin de désigner un ennemi commun arrive... C'est aussi quand les dirigeants des États n'ont plus de réelle solution qu'ils doivent passer par la guerre pour maintenir la cohésion. Si la crise de 1929 n'avait jamais eu lieu, il y a fort à parier qu'il n'y aurait jamais eu de Deuxième Guerre mondiale. Vous noterez que j'écris « deuxième » et non « seconde », car rien ne dit qu'il n'y aura pas une troisième, ni une quatrième...
Aujourd'hui, l'accumulation des problèmes économiques, et en particulier des dettes souveraines, fait que les États deviennent de plus en plus agressifs. La crise du COVID a fait apparaître une volonté de contrôle des populations par les gouvernants à un moment où les régionalismes montaient un peu partout en Europe. Et cela a été assez largement accepté. Le libéralisme a vécu. La course à l'armement est à nouveau ouverte, et une guerre permettrait de dire :

« On ne paye plus personne ! » Donc cela peut être tentant... Mais les gouvernants vont-ils franchir le pas ? Sauf si le conflit ukrainien venait à dégénérer, il est probable que ce ne soit pas pour cette fois, car les économies sont trop interdépendantes entre elles. La Chine est une des pierres angulaires des économies mondiales. En cas de guerre mondiale, la Chine ne resterait pas neutre, c'est évident. Et il y a même peu de chances qu'elle soit de notre côté. Qu'adviendrait-il de nos smartphones dont la plupart des composants sont fabriqués en Chine ?

Ce n'est pas pour rien qu'on nous parle de souveraineté économique ; qu'en France, le mot « souveraineté » apparaît dans l'intitulé de plusieurs ministères... Ce n'est pas pour rien que l'Allemagne a décidé de se réarmer. Dans quelques années, l'Allemagne aura la plus importante armée conventionnelle d'Europe.

En analysant, on a vraiment le sentiment qu'une guerre se prépare... Même si elle n'est pas pour cette fois-ci... Car cette fois-ci, les banques centrales seront encore à fond à la manœuvre... La guerre sera par contre probablement l'issue de la prochaine grande crise économique. Quand les taux d'endettement seront de 200 % et plus... et qu'une autre récession majeure surviendra... Dans les années 2030 ? 2040 ?

Découvrez les autres livres
de Jean-David Haddad

INFLATION

9 vérités pour comprendre et s'adapter

FACE AU MONDE D'APRÈS

Du COVID à 2030 :
s'adapter à ce qui pourrait nous attendre

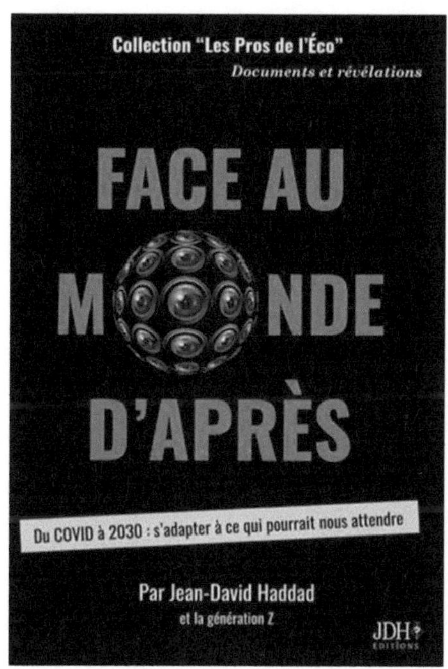

L'Édredon

La revue littéraire de JDH Éditions

Venez découvrir les textes de la revue

**Textes et articles dans un rubriquage varié
(chroniques, billets d'humeur, cinéma, poésie…)**

JDH
ÉDITIONS

JDH
ÉDITIONS